KOLLONTAI E A REVOLUÇÃO
escritos sobre amor e luta

Annabelle Bonnet
Renata Couto Moreira e
Maísa Prates do Amaral (orgs.)

KOLLONTAI E A REVOLUÇÃO

escritos sobre amor e luta

Tradução:
Annabelle Bonnet, Carlos Henrique, Cecília Rosas,
Erik Fishuk, Fernando A. S. Araújo, Glauco Lobo,
Henrique Vilhena, Lia Urbini,
Maísa Maria Baptista Prates do Amaral,
Maria Luiza Oliveira, Renata Couto Moreira,
Roberto Goldkorn e Talita Guglak

1ª edição

EXPRESSÃO POPULAR

São Paulo – 2023

Tradução: Annabelle Bonnet, Carlos Henrique, Cecília Rosas, Erik Fishuk, Fernando A. S. Araújo, Glauco Lobo, Henrique Vilhena, Lia Urbini, Maísa Maria Baptista Prates do Amaral, Maria Luiza Oliveira, Renata Couto Moreira, Roberto Goldkorn, Talita Guglak
Produção editorial: Lia Urbini
Revisão de tradução: Aline Piva e Lia Urbini
Revisão: Cecília Luedemann
Projeto gráfico, capa e diagramação: Zap design

Dados Internacionais de Catalogação-na-Publicação (CIP)

K81 Kollontai e a revolução: escritos sobre amor e luta / Annabelle Bonnet, Renata Couto Moreira e Maísa Prates do Amaral (orgs.); tradução Annabelle Bonnet...; revisão: Aline Piva, Lia Urbini, Cecilia Luedemann. -- 1.ed. -- São Paulo : Expressão Popular, 2023.
216 p.

Vários autores e tradutores.
ISBN 978-65-5891-096-1

1. Feminismo. 2. Socialismo. 3. Revolução Russa – Feminismo. 4. Kollontai, Alexandra, 1872-1952. I. Bonnet, Annabelle. II. Moreira, Renata Couto. III. Amaral, Maísa Prates. IV. Piva, Aline. V. Urbini, Lia. VI. Luedemann, Cecilia. VII. Título.

CDU 396

Elaborada pela bibliotecária: Eliane M. S. Jovanovich - CRB 9/1250

1ª edição: março de 2023

EDITORA EXPRESSÃO POPULAR
Alameda Nothmann, 806
Sala 06 e 08, térreo, complemento 816
01216-001 – Campos Elíseos – SP
livraria@expressaopopular.com.br
www.expressaopopular.com.br
ed.expressaopopular
editoraexpressaopopular

SUMÁRIO

PREFÁCIO

A Rússia do início do século XX foi um terreno fértil para grandes mudanças sociais que – reverberando para bem além de suas fronteiras, e até os dias de hoje – deixaram ensinamentos universais e abriram questões essenciais para pensar a luta política e a emancipação das mulheres. Cerca de um século depois, o mundo vem sendo destruído de forma acirrada pela dinâmica do capital, o espaço entre ricos e pobres vem crescendo drasticamente e a violência de gênero em todas as esferas da vida social vem sendo exacerbada. Para muitas trabalhadoras e trabalhadores, a exploração capitalista, que se nutre de diversas opressões – dentre elas, a de gênero –, voltou a aparecer como insolúvel. Diante desse sentimento, faz-se necessário olhar de novo para essa experiência concreta de vida social alternativa.

A Revolução de Outubro de 1917 foi, de fato, o ápice de uma série de levantes das trabalhadoras e trabalhadores contra o regime tsarista, em vista da realização de uma das primeiras experiências socialistas e do "primeiro experimento com o amor livre e a emancipação da mulher" (Goldman, 2014). Direitos até então inéditos para as mulheres em boa parte do mundo foram conquistados: pela primeira vez, perante a lei, *as mulheres foram reconhecidas como iguais aos homens em todos os domínios,* varrendo séculos de dominação patriarcal e eclesiástica. Se em alguns países capitalistas certos avanços legais já haviam sido conquistados, essas reformas eram parciais e dispersas e nunca visavam atender a *todas* as mulheres, mas apenas certos segmentos delas. Nenhum país havia realizado uma mudança profunda das relações de gênero até então vigentes.

Apenas para citar algumas dessas mudanças, nos seus primeiros anos, o regime soviético acabou com a obediência ao marido e com seu estatuto de chefe de família; o casamento religioso foi substituído pelo casamento civil e laico; o conceito de casamento foi separado do conceito de família, abolindo com a ideia de que se casar teria como objetivo apenas a procriação. Da mesma forma, o divórcio foi estabelecido, podendo ser pedido por qualquer cônjuge, o que não era o caso dos países europeus, até então os mais avançados sobre o assunto. Os mesmos direitos foram concedidos aos filhos legítimos e ilegítimos, considerando assim a não predominância das relações de sangue no âmbito da família. Em 1917 foi aprovada uma lei garantindo um seguro de saúde para todas as mães, sem perda de salário para as que trabalhavam. Em 1918 foi criado o departamento de proteção da maternidade e da infância, que instituiu a primeira licença maternidade de 16 semanas, bem como a proibição de demissão das mulheres grávidas e de colocá-las no trabalho noturno. O acesso à maternidade tornou-se, ao mesmo tempo, um direito, e sua gratuidade foi garantida pelo Estado.

Em relação às questões trabalhistas, o governo instaurou, pela primeira vez, a participação direta das trabalhadoras na gestão da produção por meio dos *soviets,* comitês de representação dos operários e das operárias, o que abriu novas possibilidades de desenvolvimento para elas. O projeto de abolição da propriedade privada dos meios de produção levou também a sociedade russa a reconsiderar as relações com o trabalho doméstico – entendido aqui como cuidado da casa e dos seus membros –, até então a cargo de cada trabalhadora individualizada. Esse passou a ser considerado como uma tarefa não meramente individual, mas que devia acontecer no âmbito coletivo, com a finalidade de planejar sua socialização completa. O projeto da Revolução era, de fato, transferir a responsabilidade do cuidado da família para o Estado, por meio, em um primeiro momento, da criação de creches públicas que pudessem receber *todas* as crianças, de restaurantes coletivos que atendessem o conjunto da população ou, ainda, de lavanderias públicas que substituiriam o trabalho árduo realizado por cada mulher-indivíduo na sociedade que a precedia.

As questões educacionais foram também centrais. O governo trabalhou para a democratização da educação em todos os níveis, favorecendo a expansão de escolas, universidades e creches para ambos os sexos. Em cerca de 40 anos, a União Soviética aboliu o analfabetismo. Em relação à educação das mulheres, antes da Revolução, apenas 13% das russas eram alfabetizadas. Na década de 1960, elas eram 99,7%. Em comparação, o analfabetismo no Brasil, um dos países mais ricos do planeta, continua, hoje, presente em cerca de 7% da população. Desde o início do século XX, marxistas-feministas como Nadezhda Konstantinovna Krupskaya problematizaram também a reprodução das relações de gênero no âmbito escolar, como questionava seu famoso texto, cujo título é revelador: *Deve-se ensinar "coisas de mulher" aos meninos?* Em relação a isso, o Congresso das Operárias de Petrogrado, criado logo após a Revolução, instituiu comissões especiais para informar e educar as mulheres a exercerem seus novos direitos.

Em relação ao Ensino Superior, enquanto nos países europeus uma porcentagem mínima de mulheres havia acessado o Ensino Médio e um número ainda menor havia acessado o Ensino Superior, a Rússia soviética mirava a escolarização das meninas com muita atenção. Ao longo das décadas, o acesso das mulheres soviéticas à universidade só foi crescendo. Destaca-se, particularmente, o número de mulheres formadas nas "ciências duras" – Matemática, Física, Engenharia – considerado, no século XX, um dos mais altos do mundo (Lippmann e Senik, 2018).

Como outro avanço essencial, pode-se citar ainda um dos direitos mais difíceis de serem conquistados pelas trabalhadoras brasileiras: a legalização do aborto, que na Rússia soviética foi concedido em 1920, tendo sido defendido por Lenin desde 1913, muito antes de todos os países capitalistas. No mesmo ano, a França, por exemplo, optou por reforçar a pena por esse "crime". Mais tarde, o direito ao aborto passou a ser complementado por cursos de educação sexual. Do mesmo modo, deve ainda ser lembrado que o primeiro método clínico no mundo ocidental visando a facilitação do parto e a diminuição da dor por meio de técnicas preparatórias psicológicas, o assim chamado "parto indolor", foi inventado por médicos soviéticos nos anos 1930. Foi em Moscou que, pela primeira vez, a medicina moderna se distanciou da tradição cristã que associava o parto a um momento exclusivo de dor e sacrifício da mulher (Bonnet, 2016). O assim chamado método do "parto indolor" passava por cursos de biologia sobre a gravidez, inclusão do parceiro e apoio psicológico durante todo o processo.

Esse conjunto de legislações tinha como objetivo geral liberar tempo para que as mulheres pudessem reunir as condições para participar da vida pública, considerando que o direito do voto, uma das principais pautas de luta das feministas russas burguesas, conquistado em 1917, era um direito insuficiente se suas condições efetivas de participação não eram alcançadas – sendo duas dessas condições essenciais a existência de tempo livre e de sua formação para o exercício do livre-arbítrio. Enquanto se discutia com muita dificuldade, no século XXI, a paridade na representatividade política, já em 1926 o número de mulheres delegadas que participavam da via pública na Rússia era de 620 mil. E, fora os anos sombrios da experiência socialista em seu período estalinista, muitas vezes mais conhecidos do que o restante do período soviético – e que será comentado no capítulo 4 deste livro –, cabe notar que a Rússia soviética não deixou de ter, até 1990, uma das legislações de gênero mais avançadas do mundo (Ghodsee, 2019).

Milhares foram as pioneiras nas profissões ainda chamadas de "masculinas". O nível de acesso das mulheres trabalhadoras à universidade era também considerável, e as mulheres ingressaram no Exército Vermelho, onde ocuparam cargos e efetuaram tarefas até então reservadas aos homens. Considera-se, por exemplo, que cerca de 1 milhão de mulheres combateram no Exército Vermelho para derrotar o nazifascismo (Markwick e Charon Cardona, 2012). Estudos recentes, por sua vez, mostraram quantitativa e qualitativamente, e sem suprimir a complexidade da evolução desses regimes, o quanto as oportunidades para as mulheres trabalhadoras nos antigos países socialistas decaiu drasticamente desde a queda do muro e o restabelecimento do mundo capitalista. Do mesmo modo, muitos dos movimentos feministas soviéticos criaram diversos laços com países integrantes do até então chamado "Terceiro Mundo" e apoiaram, com destaque, as lutas anticoloniais (Ghodsee, 2019).

Apesar dessas múltiplas conquistas do mundo soviético no século XX, a maioria dos combates anteriormente relatados, bem como as pessoas envolvidas, permanecem desconhecidos (Schneider, 2017). É surpreendente o contraste entre a profundidade dos combates e seu grau de invisibilização, no próprio campo da luta feminista hegemonicamente constituída no mundo ocidental, que negligenciou a contribuição dessa tradição feminista-marxista revolucionária na genealogia da emancipação das mulheres e/ou privilegiou sistematicamente uma leitura negativa do fenômeno (Grabowska, 2020). Quando é mencionada, essa tradição tende também a ser apresentada em torno de uma oposição temporal entre, por um lado, algo que remete ao passado, a uma "velha" concepção do mundo ultrapassada que teria sido superada pelo surgimento e, por outro, de movimentos feministas apresentados como "novos" (Neves, 2020). Do mesmo modo, as experiências feministas nas diversas regiões do assim chamado socialismo real, múltiplas e complexas, ainda merecem ser colocadas em evidência no mundo ocidental.

No entanto, os questionamentos contemporâneos que vêm ganhando uma nova visibilidade em torno das relações entre exploração social e opressão de gênero, produção capitalista e reprodução social, identidades de gênero, raça, classe, dominação masculina no âmbito doméstico, divisão sexual do trabalho, marxismo e feminismo encontram também suas bases e diretrizes, que os norteiam até hoje, nessa longa tradição inaugurada no século XIX, na qual o período soviético teve um papel fundamental (Martuscelli, 2020). Cabe destacar que a invisibilização dessa tradição tem implicações profundas, uma delas sendo uma interpretação da história da emancipação feminina invertida, fruto de um caminho percorrido "de cima para baixo", realizado por mulheres-

-indivíduos nascidas no meio burguês – visão que contribui para expulsar a enorme massa de trabalhadoras dessas grandes narrativas e a dimensão coletiva de suas conquistas.

Diante dessa marginalização da história das trabalhadoras socialistas e do apagamento desse capítulo na história, o grupo de trabalho "Feminismo e Marxismo", ao qual pertencem as organizadoras deste livro, se comprometeu a contribuir para o resgate dessa tradição, trazendo ao público algumas de suas vivências e reflexões. É justamente para contribuir com a recuperação dessa memória coletiva de uma história "desde baixo" que trazemos, neste livro, uma seleção dos textos de uma das suas mais importantes formuladoras e autoras do feminismo revolucionário, Alexandra Kollontai. Sua publicação no mês de março tem como data simbólica o dia 8, dia internacional das trabalhadoras. Essa data comemorativa constitui mais uma oportunidade de relembrar a vida e obra de Kollontai, uma autora que se inscreve diretamente na formulação dessa tradição de luta do feminismo revolucionário e foi uma das figuras revolucionárias russas mais marcantes do início do século XX.

A obra de Alexandra Kollontai (1872-1952), felizmente, não caiu no esquecimento no Brasil. Nascida numa família abastada e ilustrada em 1872, ainda sob o nome de "Domontovitch", vivenciou dois eventos que despertaram sua consciência crítica: o casamento forçado de sua irmã mais velha com um senhor de idade avançada, situação que a repugnou, e a convivência com sua preceptora (Sofya Perovskaya), militante do movimento socialista, que a levou a se interessar pelas organizações socialistas existentes (Kollontai, 2007). Em 1892, durante uma viagem para Paris com sua família, teve a oportunidade de ler o *Manifesto Comunista*, de Marx e Engels, leitura que finalmente a convenceu e despertou seu interesse pelas questões de gênero. Estudou *A origem da família, da propriedade privada e do Estado*, de Engels, livro pioneiro que relaciona a instauração da propriedade privada e a opressão feminina, bem como textos dos socialistas utópicos – Fourier, Cabet, Saint-Simon –, considerados os primeiros formuladores modernos da emancipação feminina. Apesar de seu interesse em estudar, decidiu, após sua volta em 1893 e como mal menor à situação da sua irmã, se casar com um dos seus primos de origem mais modesta, Vladimir Kollontai, que sabia ser mais compreensivo e que a deixaria usufruir – até certo ponto – de sua própria autonomia. Deu à luz a um filho em 1894, Misha, do qual cuidou mesmo na época do exílio. Em 1895, trabalhou na Cruz Vermelha e leu o livro do operário socialista alemão August Bebel, *A mulher e o socialismo*, referência sobre a libertação das mulheres no socialismo.

Em 1896, Kollontai efetuou sua primeira visita a uma fábrica, o que a deixou apavorada ao constatar, no local, a presença de cadáveres de crianças, filhos das trabalhadoras, mortos de fome naquele mesmo dia. Nesse período, a expectativa de vida das trabalhadoras raramente ultrapassava os 30 anos. Essa experiência marcará profundamente sua luta pelo direito a uma maternidade digna para as trabalhadoras, até então privilégio de algumas mulheres da burguesia. Em sequência, impactada pela situação dessas trabalhadoras e de seus filhos, Kollontai participou da construção de sua primeira greve. Em 1898, ano em que foi criada a Segunda Internacional, decidiu partir para Zurique. Desde o fim do século XIX, era comum que mulheres da aristocracia russa fossem para lá a fim de estudar nas universidades abertas às mulheres (Ruthchild, 2010). Kollontai tinha, entretanto, um projeto menos tradicional para uma mulher de sua condição: queria estudar economia marxista. Contou, mais tarde, que sentia que precisava entender melhor o funcionamento do capitalismo (Porter, 1980). Lá, publicou também seu primeiro artigo sobre educação, baseado em sua experiência da maternidade. Em 1901, decidiu voltar para Zurique para completar seus estudos, onde conheceu a revolucionária Rosa Luxemburgo, bem como Laura Lafargue, filha de Karl Marx, e seu marido, Paul. No mesmo ano, leu o livro da até então famosa alemã Lily Braun, *The woman's question*, da qual se distanciou rapidamente por suas posições naturalizantes, e teve seu primeiro contato com Lenin. Entretanto, em 1899, pediu o divórcio e passou a dividir a guarda do seu filho com seu ex-marido e a nova esposa dele.

De volta da Suíça, começou suas atividades políticas, quando passou a entrar em contato com revolucionários emigrados, compondo os círculos clandestinos do Partido Social-Democrata. Em 1903, Kollontai discursou no seu primeiro congresso. Em 1904, foi procurada por Lenin para colaborar com um jornal bolchevique. Conheceu Trotsky no mesmo ano. Em 1905, se destacou como oradora popular, fazendo a brilhante defesa das demandas das mulheres no programa do Partido Social-Democrata (Martinez, 2018). No mesmo ano, participou do que ficou conhecido como "Domingo Sangrento", protesto pacífico que resultou na repressão violenta de seus participantes por parte das forças policiais do tsar.

Em 1906, conheceu Nadezhda Krupskaya, também feminista-marxista, muito ativa no período, e em 1907 participou do Primeiro Congresso Internacional das Mulheres Socialistas, passando a organizar as mulheres do setor têxtil. Porém, em 1908, Kollontai foi detida por suas atividades políticas, e rapidamente forçada a deixar o país. No exílio, conheceu Clara Zetkin, em Londres, encontro que a marcou profundamente. Feminista revolucionária, Zetkin foi pioneira na organização das mulheres socialistas, posição defendida no seu discurso de 1896, *Apenas em conjunção com a mulher proletária o socialismo será vitorioso* (Zetkin, 1984), antes de fundar o 8 de Março. No mesmo ano, Kollontai redigiu seu primeiro artigo sobre o feminismo socialista. Em 1910, participou do Segundo Congresso das Mulheres Socialistas e escreveu seus primeiros artigos sobre sexualidade. Em 1914, organizou as mulheres contra a Primeira Guerra Mundial. Pacifista, sua posição foi derrotada dentro do Partido Socialista. Tornou-se próxima de Rosa Luxemburgo, que admirava e compartilhava suas posições sobre a guerra. Após esse fracasso, se exilou na Suécia e estabeleceu, a partir de então, um diálogo constante com Lenin, que também se opunha à guerra.

Em março de 1917, Kollontai recebeu uma carta de Lenin chamando-a para voltar à Rússia. A revolução burguesa russa estava em curso. Kollontai foi eleita delegada do *soviet* de Petrogrado e do Comitê Central. Ela passou também a trabalhar, a pedido de Lenin, para a revista *Rabotnitsa*, a revista das "mulheres trabalhadoras". Participou, alguns meses depois, do encontro dos *soviets* na noite de 24-25 outubro, que anunciou a Revolução Russa. Em novembro do mesmo ano, participou do Primeiro Congresso das Mulheres Trabalhadoras de Petrogrado, atuando no Comissariado do Povo Para a Assistência Pública, sendo a primeira mulher a ocupar um cargo no governo. Participou da fundação do *zhenotdel*, seção feminina do Partido, ao lado de outra revolucionária feminista, Inessa Armand. Organizou também o Primeiro Congresso das Mulheres de Toda a Rússia e, no mesmo ano, participou do Congresso da Terceira Internacional, onde defendeu a participação das mulheres. A partir dos anos 1920, tornou-se uma das primeiras embaixadoras do mundo.

Como marxista, Kollontai defendeu que a emancipação das mulheres era inseparavelmente conectada à liberação de todas as mulheres e homens do capitalismo. Pensava que a família mononuclear, a família tal como a conhecemos – um núcleo encapsulado sobre si (Elias, 1990, p. 237), privado, composto por um grupo restrito de indivíduos, organizados por laços de sangue em torno de uma organização heteronormativa –, não era natural e havia nascido junto ao processo de instauração da propriedade privada (Engels, 2012). Assim, dissociava-se dos movimentos feministas que viam nas reformas políticas pontuais e localizadas a via única para construir sua emancipação, sem por fim à sociedade capitalista.

Entre as questões colocadas a partir das obras e da atuação de Kollontai, nos perguntamos: como de fato pensar a igualdade de gênero sem questionar a predominância do sentimento de propriedade e de frustração aos quais são submetidos todos os trabalhadores e trabalhadoras sob o regime capitalista? Como conceber os direitos reprodutivos sem colocar em questão a organização social em torno da exploração de seres humanos por outros? Como construir uma infância sem problematizar o modelo da família mononuclear? Como acabar com a violência sexual e sexista sem discutir a cultura de coisificação à qual essa forma social submete todos os indivíduos? Como, ainda, lidar com os casos de sexismo dentro de uma organização socialista no âmbito do capitalismo, sem considerar que todos seus membros constroem sua subjetividade nessas relações sociais reificadas?

Fiel aos ensinos de Marx, Kollontai retomou a ideia segundo a qual o desenvolvimento da sociedade capitalista contém, ao mesmo tempo, suas contradições e a possibilidade de sua superação revolucionária, potencialidade que, para tornar-se efetiva, implica a formação do proletariado como sujeito consciente. Retomou, ainda, a ideia, formulada nesses termos alguns anos antes por Clara Zetkin (Zetkin, 1984), segundo a qual a perda da função produtiva da família, na conversão de uma sociedade camponesa em proletária, criava novas contradições que podiam caminhar, mediadas pelo proletariado, na direção da emancipação completa – econômica, moral, cultural – das mulheres. Com a conversão das mulheres em indivíduos "livres" e "iguais" (Marx, 2011) aos outros trabalhadores homens pelo fato de venderem também sua força de trabalho, a família tradicional se encontra atomizada e desestruturada na sua relação com a esfera da produção. Tais mudanças provocam novas contradições que podem ser superadas por meio do caminho revolucionário, isto é, da superação das relações sociais capitalistas vigentes.

Kollontai entendia que, com a luta pelo socialismo, a família mononuclear burguesa, fruto da sociedade capitalista, estava condenada a desaparecer, possibilitando ao mesmo tempo um caminho para o desmantelamento das opressões das mulheres na cidade e no campo. A revolução era concebida, nesse sentido, como essa tentativa de criar uma nova organização social e, portanto, novas condições de vida para as mulheres por meio da construção de novos laços de gênero e de afeto/amor, as quais Kollontai denominará, respectivamente, de "nova mulher" e "amor camaradagem". Cabe destacar, para um pleno entendimento dessas expressões, que não se trata, para Kollontai, de uma nova tipologia de mulher dada *a priori*, nem de um imaginário concebido por meio de meras reflexões subjetivas, mas sim de novas condições materiais de vida que irão também modificar a subjetividade e os afetos, permitindo a emergência da construção de novas relações sociais de produção e de gênero.

Alexandra Kollontai escreveu, ainda, sobre diversos outros temas – como a educação infantil, a economia rural, a filosofia de sua época, o papel da guerra no imperialismo, a vida dos e das trabalhadoras em outras partes do mundo, diversos assuntos que diziam respeito ao momento histórico em que a autora vivia. O presente livro não pretende esgotar sua ampla contribuição, mas apresentar 12 textos, publicados em um período de 20 anos, que tratam das questões de gênero, procurando, assim, colocar em evidência a contribuição da tradição marxista a esses debates. Considera-se que esses textos pertencem ao ciclo de estudos e intervenções de Kollontai sobre o feminismo socialista, que se iniciam em 1908 com a publicação d'*Os fundamentos sociais da questão feminina*. Tal data não é arbitrária: ela corresponde exatamente ao momento de expansão do movimento feminista liberal na Rússia, concomitante ao amplo crescimento do ingresso das mulheres nas fábricas, estimulado pelos capitalistas, onde estas viriam a representar, em 1910, 80% do trabalho operário. A esses fatores somou-se a participação crescente dessas mulheres nas greves, em um momento intenso de confrontos sociais no país (Porter, 1980). A coletânea se encerra em 1927, com *O que Outubro deu à mulher ocidental*, texto que permite dimensionar a evolução, no período de transição, da questão feminina na Rússia.

Cada texto selecionado tem, portanto, de ser considerado, ao mesmo tempo, como uma contribuição teórica à compreensão das relações entre exploração econômica e opressão de gênero e como um retrato das questões vividas de forma concreta pelas revolucionárias em luta nessa época. Cabe destacar, ainda, um outro ponto fundamental para uma compreensão adequada dos textos a seguir, elaborados de acordo com o método marxista. Eles devem ser entendidos como textos de intervenção, de natureza teórico-prática, ou seja, elaborados para responder a situações e problemas vivenciados concretamente pelo coletivo. Como intelectual marxista e militante, Kollontai elaborou análises partindo da materialidade de sua época, e tentando intervir nela. As adversidades, contradições e dificuldades são palpáveis nos textos. O campo enfrentava uma grande miséria, as cidades a extrema pobreza. Os ataques das potências capitalistas dificultaram os projetos, a guerra civil se instalou, polêmicas e derrotas marcaram também a história do processo revolucionário (Luxemburgo, 2017).

Por todas essas razões, o presente livro apresenta alguns textos considerados clássicos na tradição feminista-marxista, como *O amor e a nova mulher*, bem como textos menos conhecidos, dentre os quais duas traduções inéditas para o português. O prefácio do livro *Sociedade e maternidade* (1916), um dos livros mais influentes de Kollontai no mundo soviético, procura redefinir a maternidade e os laços familiares por meio de mudanças socioeconômicas radicais. Já o artigo *Sobre a história dos movimentos de mulheres trabalhadoras na Rússia* (1920) é um dos primeiros textos das trabalhadoras russas contando sua própria história em primeira pessoa.

Mais precisamente, o livro está dividido em quatro momentos cronológicos, que se abrem com capítulos historicizando os textos propostos. O primeiro, "Fundar um feminismo que seja nosso", remete à construção histórica de um feminismo para as mulheres trabalhadoras. O segundo, "Capitalismo e maternidade proletária", abraça uma questão central para as trabalhadoras mas que, no entanto, durante a assim chamada "terceira onda" do feminismo, tendeu a ser tratada como secundária e enxergada como uma pauta meramente conservadora. Nesse ponto, destacamos o tratamento revolucionário em relação ao tema da maternidade dado por Kollontai em resposta à situação concreta das trabalhadoras russas do período. O terceiro, "As mulheres e a transição ao socialismo", remete aos desafios que surgiram após a derrubada do tsar e às escolhas que foram tomadas em prol do estabelecimento de uma sociedade revolucionária, passando das objetividades sociais da produção às subjetividades da construção de novas relações de gênero. O quarto e último capítulo, "Construir a memória do feminismo classista", trata do esforço de Kollontai de contar a própria história, deixando para as gerações futuras elementos sobre a participação essencial das mulheres na construção efetiva da Revolução e a contribuição desta para a emancipação das mulheres. Vale destacar, como a autora observa, que este processo não se limitou às mulheres urbanas. A participação efetiva das camponesas é realçada por Kollontai com grande significância e distinção quando desenvolve a percepção de que "pela primeira vez na Rússia, a mulher camponesa russa também levantou sua voz persistente e determinadamente". A autora evidencia que a mulher camponesa levantava sua voz em torno de interesses econômicos, como as trabalhadoras urbanas, no entanto a questão da terra aparece como um tema central para aquela. Neste ponto é possível traçar um diálogo com os processos de auto-organização das mulheres dentro dos movimentos sociais populares em geral, e em específico nos movimentos camponeses que compõem a articulação da Via Campesina. A pauta da terra se soma à das violências de gênero como central no processo histórico mais recente da construção coletiva do Feminismo Camponês Popular (Moreira; Amaral, 2022).

Cada um desses momentos destacados no livro possui um pequeno capítulo de apresentação com as ideias e elaborações discutidas coletivamente ao longo do processo de estudos e seleção dos textos. O capítulo 1 é assinado coletivamente. Os capítulos 2, 3 e 4 são assinados pela autora encarregada de colocar, com sua sensibilidade, as ideias elaboradas coletivamente no papel, reconhecendo a participação das outras autoras no processo de elaboração.

Esperamos que os textos selecionados, enquanto parte da vasta obra de Kollontai, contribuam para a construção de novas relações de produção e reprodução, tendo como base a construção da "nova mulher" e de outras formas de afeto e de sociabilidade que rompam com a forma capitalista patriarcal de se relacionar, sentir, ser e realizar o "amor verdadeiro".

Referências

ALVAREZ GONZALEZ, Ana Isabel. *As origens e a comemoração do dia internacional das mulheres*. São Paulo: Expressão Popular, 2010.

BONNET, Annabelle. Feminismo, política, transformação social: história das mulheres e luta sindical na França dos anos 1960-1970. *Crítica e Sociedade*, v. 5, n. 2, 2015, p. 1-27.

ELIAS, Norbert. *O processo civilizador*. Volume 1: uma história dos costumes. Rio de Janeiro: Zahar. 1990.

ENGELS, Friedrich. *A origem da família, da propriedade privada e do Estado*. São Paulo: Expressão Popular, 2012.

FARNSWORTH, Beatrice. Conversing with Stalin, surviving the terror: the diaries of Aleksandra Kollontai and the internal life of politics. *Slavic Review*, v. 69, n. 4, p. 944-970, 2010.

GHODSEE, Kristen Rogheh. *Second World, Second Sex*. Socialist Women's Activism and Global Solidarity during the Cold War. Durham: Duke University Press, 2019.

GOLDMAN, Wendy. *Mulher, Estado e revolução:* política da família soviética e da vida social entre 1917 e 1936. São Paulo: Boitempo Editorial, 2014.

GRABOWSKA, Magda. Stop Writing Communist Women Out of History. Poland: *Jacobin,* 2020.

KOLLONTAI, Alexandra. *Autobiografia de uma mulher comunista sexualmente emancipada*. São Paulo: Editora Sundermann, 2007.

KRUPSKAYA, Nadezhda. Deve-se ensinar 'Coisas de Mulher' aos meninos? (1909-1910). *In:* SCHNEIDER, Graziela. *A revolução das mulheres: emancipação feminina na Rússia soviética*. São Paulo: Boitempo, 2017.

LENIN, Vladmir. A classe operária e o neomalthusianismo, 29 de junho de 1913. *In: O Socialismo e a Emancipação da Mulher*. Rio de Janeiro:

Editorial Vitória, 1956. Disponível em: https://www.marxists.org/portugues/lenin/1913/06/29.htm

LUXEMBURGO, Rosa. *A revolução russa*, Fundação Rosa Luxemburgo, 2017.

LIPPMANN, Quentin e SENIK, Claudia. Maths girls and socialism. *Journal of Comparative Economics,* vol. 46, 3, 2018, p. 874-888.

MARTINEZ, Josefina L. "Alexandra Kollontai", *Revolucionarias*. Madrid: Lengua de Trapo, 2018.

MARKWICK, Roger D.; CHARON CARDONA, Euridice. *Soviet Women on the Frontline in the Second World War*. New York: Macmillan Publishers, 2012.

MARTUSCELLI, Danilo E. (org.) *Os desafios do feminismo marxista na atualidade*. São Paulo: Marxismo21, 2020.

MARX, Eleanor. *Obra completa*. São Paulo: Aetia Editorial, 2021.

MARX, Karl. *O Manifesto Comunista*. São Paulo: Boitempo, 1998 [1848].

MARX, Karl. *O Capital, livro I*. São Paulo: Boitempo, 2011.

MOREIRA, R.C.; AMARAL, M.M.B.P. Mulheres Sem Terra e feminismo camponês popular. *In:* MOREIRA, R.C.; MENDONÇA, J. P. (orgs.) *Dependência, questão agrária e mudanças sociais na América Latina*. São Paulo: Expressão Popular, 2022.

NEVES, Victor. Movimentos sociais "clássicos", "contemporâneos" e relevância da estratégia socialista. *Revista Marx e o Marxismo – Revista do Niep*. v. 8 n. 14, 2020.

PORTER, Cathy. *Alexandra Kollontai:* A biography. Chicago: Haymarket Books, 2014 [1980].

RUTHCHILD, Rochelle Goldberg. *Equality & Revolution: Women's Rights in the Russian Empire, 1905-1917*. Pittsburgh: University of Pittsburgh Press, 2010.

SCHNEIDER, Graziela. *A revolução das mulheres:* emancipação feminina na Rússia soviética. São Paulo: Boitempo, 2017.

TRUDELL, Megan. As mulheres de 1917. *Blog da Boitempo*, 2017. Disponível em: https://blogdaboitempo.com.br/2017/06/14/as--mulheres-de-1917-especial-revolucao-russa/

ZETKIN, Clara. Only in Conjunction With the Proletarian Woman Will Socialism Be Victorious (1896). *In:* FONER, Philip (org.) *Clara Zetkin: Selected Writings*. International Publishers, 1984.

I. FUNDAR UM FEMINISMO QUE SEJA NOSSO

Maísa Maria Baptista Prates do Amaral
Annabelle Bonnet
Renata Couto Moreira

Os textos desta primeira parte, todos escritos por Alexandra Kollontai por volta de 1910, abarcam um claro diálogo com os diversos movimentos feministas de sua época. Neles, a intelectual-militante mira um objetivo bem preciso: (re) construir uma alternativa a essas correntes existentes que parta, antes de tudo, da realidade vivenciada por milhões de trabalhadoras da cidade e do campo e que se baseie em uma outra concepção da emancipação humana, herdada da filosofia de Marx e Engels.

Cabe destacar, para um entendimento mais profundo dos debates presentes, que no início do século XX, o movimento feminista era de fato crescente na Rússia, mas o mais influente de todos era o feminismo liberal burguês. Sua luta girava em torno de duas principais pautas. A primeira era o direito à propriedade, preocupação direta das mulheres de famílias abastadas que, por lei, não podiam herdar. A segunda era a questão do sufrágio. Essa luta não era própria ao movimento feminista burguês, já que nunca deixou de ser discutida pelo movimento socialista desde os anos 1848, mesmo não sendo sua única fonte de atuação. Cabe lembrar que, ainda no século XIX, Eleanor Marx, intelectual-militante de grande influência e que lutou pela organização das trabalhadoras, havia sublinhado a importância dessa luta como "objetivo perfeitamente justo" (Marx, 2021). Do mesmo modo, desde 1903 na Rússia, o Partido Social-Democrata havia incluído essa pauta no seu programa (Ruthchild, 2010). No entanto, havia diferenças de concepção. De acordo com boa parte das feministas liberais russas, o direito de voto feminino devia ser ligado ao direito de propriedade, deixando claro o caráter classista dessa reivindicação, excluindo a imensa maioria das trabalhadoras. O feminismo liberal, no seu conjunto, havia aderido a uma concepção burguesa da sociedade, na qual a ordem vigente da exploração de seres humanos por outros seres humanos não era colocada em questão, assim como a luta de classes era inviabilizada. A Questão das Mulheres era pensada abstratamente, e a representatividade na esfera da política burguesa era considerada como o único caminho possível de libertação. A "União pela Igualdade das Mulheres", por exemplo, defensora da monarquia constitucional, estava particularmente ativa, absorvendo boa parte das trabalhadoras, principalmente as empregadas domésticas, as cozinheiras e as cuidadoras, levadas por suas patroas.

Em oposição, uma concepção feminista proposta pelo movimento socialista internacional e suas trabalhadoras vinha sendo formulada em torno da necessidade de pensar a emancipação das mulheres de mãos dadas com o combate ao capitalismo, questionando a organização econômica, social e política desse modo de vida. Historicamente, as experiências da Revolução de 1830, bem como as assim chamadas "revolucionárias de 1848" e da Comuna de Paris, haviam de fato mostrado que, se a questão do sufrágio feminino tinha sua importância, agregar as mulheres ao sistema político liberal acriticamente certamente estava longe de resolver o caminho para a sua emancipação (Thomas, 1948). A discussão em torno da questão sufragista precisava, dessa forma, ser pensada à luz de um projeto alternativo de sociedade. Do mesmo modo, a teoria política de Marx e Engels havia apontado para os limites da emancipação política pela mediação do Estado burguês, que produz uma cisão entre, por um lado, os seres humanos afirmados como seres genéricos e, por outro, a vivência concreta de relações baseadas em um antagonismo entre exploradores e explorados (Iasi, 2002). Na Rússia, essa tradição foi retomada com a fundação, em 1907, do primeiro clube das Mulheres Trabalhadoras, do qual Kollontai participou ativamente. No mesmo ano, a intelectual participou também como delegada russa da primeira conferência internacional das mulheres socialistas em Stuttgart, presidida por Clara Zetkin (González, 2010), cuja contribuição para o feminismo socialista a influenciou profundamente. De fato, a Alemanha vinha tendo um papel de destaque no campo do feminismo socialista. Desde 1881, o Partido Social-Democrata Alemão considerava o sufrágio feminino em seu programa, em uma posição bastante avançada em relação aos outros partidos socialistas, o que o fez angariar 175 mil mulheres em suas filas, número que representava 16,1% dos seus filiados. Sob a direção de Zetkin, o movimento de mulheres social-democratas da Alemanha se tornou um dos mais influentes do continente, e pioneiro diante da escolha de não se unir com as feministas burguesas em lealdade ao seu sexo, e sim ao movimento socialista em lealdade à sua classe. Cabe notar que, para isso, foi necessário que as mulheres trabalhassem duplamente dentro do próprio partido socialista para aliar o feminismo ao socialismo, uma vez que, nesta concepção, ambos os grupos tinham a mesma aspiração de construir um novo sistema de relações humanas em que homens e mulheres desfrutassem dos mesmos direitos.

É nesse contexto histórico-social e intelectual que "Os fundamentos da questão social feminina" (1908) expõe e (re)afirma, em algumas páginas, as bases da tradição feminista socialista, podendo ser considerado um texto clássico dessa tradição. Ele constitui, antes de tudo, um esforço para se distanciar desse feminismo liberal crescente na Rússia, apontando seus limites e insistindo na necessidade de articular o entendimento da opressão das mulheres à questão de classe. As mulheres, afirma Kollontai, só podem se tornar verdadeiramente livres em uma sociedade livre da exploração de classes, destacando o papel das trabalhadoras enquanto fundamentais na luta pela construção dessa nova sociedade. No texto, o feminismo socialista é claramente definido como aquele que mira a construção de um sistema alternativo de produção e de relações sociais desprovido de exploração e alienação, rompendo de vez com a concepção de relações humanas dentro dos marcos da propriedade privada proposta pelas feministas burguesas. O texto reflete também um esforço não somente teórico, como político, de organizar as trabalhadoras, o que se concretizou no "Congresso de mulheres de toda a Rússia" no mesmo ano, organizado pelas feministas liberais e no qual as trabalhadoras socialistas se distanciaram publicamente do feminismo burguês, rejeitando uma definição do feminismo tendo como único critério de aliança o fato de ser mulheres.

No texto "O amor e a nova moral", provavelmente o mais conhecido de Kollontai, são exploradas, através do recurso à arte literária, as dimensões subjetivas da opressão feminina e suas possibilidades de emancipação. Cabe sublinhar a força e originalidade da exposição: ao tomar o cuidado de articular um estudo da opressão do ponto de vista da psique às evoluções sócio-históricas, a autora nos oferece um texto de uma grande modernidade e profundidade, que consegue escapar de explicações mecanicistas e economicistas das relações de gênero e de seus laços afetivos. O amor é apresentado por Kollontai como um ponto chave para se (re)pensar o capitalismo e sua superação. A autora é particularmente atenta a certas contradições visíveis durante o processo de atomização das famílias tradicionais do campo, ainda prevalecentes, enquanto explora com cuidado as mudanças na subjetividade e no modo de vida das operárias, decorrendo do seu processo de proletarização. Ela nos mostra que a superação das relações capitalistas passa também pela superação das relações de afeto da forma como estão postas, trazendo para o debate a necessidade de se repensar inclusive a moral sexual e o direito de propriedade estabelecido em todas as relações, inclusive nas relações afetivas do amor romântico burguês.

Além da importância do caráter classista da luta pela emancipação das mulheres e da igualdade de gênero, "O dia da mulher", escrito em 1913, reafirma a importância de integrar plenamente as trabalhadoras e suas questões específicas ao projeto socialista. Se o 8 de março constitui, hoje em dia, um símbolo forte para as trabalhadoras e suas lutas internacionalistas, tal não era o caso na época, sendo esse símbolo resultado de muitas lutas. A autora defende o dia da mulher como importante elo na cadeia da mulher no movimento socialista, dando mais um passo na elaboração que separa a luta das mulheres trabalhadoras da luta do feminismo liberal. A luta para romper com as amarras impostas pela sociedade capitalista é uma luta tanto dos trabalhadores como das trabalhadoras, mas a organização das mulheres no sentido de defesa dos seus direitos específicos é de extrema importância para a conquista de uma sociedade de fato igualitária.

Para terminar, insistimos no fato de que esses estudos pioneiros propostos por Kollontai influenciaram a tradição feminista marxista internacionalista ao longo do século XX. No Brasil, a figura de Heleieth Saffioti (1976) aprofundou por exemplo as análises dos antagonismos existentes na sociedade de classes à luz das especificidades da formação social brasileira. E as divergências dessa tradição com a essência do feminismo liberal são pautadas até os dias atuais.

Referências

GONZÁLEZ, Ana Isabel Álvarez. *As origens e a comemoração do dia internacional das mulheres*. São Paulo: Expressão Popular/Sempreviva Organização Feminista, 2010.

IASI, Mauro Luis. Direito e emancipação humana. *Revista do Curso de Direito, Universidade Metodista de São Paulo*, v. 2, n. 2, p. 170-192, 2002.

KOLLONTAI, Alexandra. *Autobiografia de uma mulher comunista sexualmente emancipada*. São Paulo: Editora Sundermann, 2007 (1926).

MARX, Eleanor; AVELING, Edward. *A questão da mulher:* de um ponto de vista socialista. São Paulo: Expressão Popular, 2021.

MARX, Karl. *Para a questão judaica*. São Paulo: Expressão Popular, 2009.

SAFFIOTTI. Heleieth. *A mulher na sociedade de classes: mito e realidade.* São Paulo: Expressão Popular, 2013 [1976].

THOMAS, Edith. *Les Femmes de 1848*. Paris: PUF, 1948.

OS FUNDAMENTOS SOCIAIS DA QUESTÃO FEMININA (EXTRATOS) (1907)[1]

Deixando os sábios burgueses absortos no debate sobre a questão da superioridade de um sexo sobre o outro, ou o peso do cérebro e a comparação da estrutura psicológica de homens e mulheres, os seguidores do materialismo histórico aceitam plenamente as peculiaridades naturais de cada sexo e requerem apenas que cada pessoa, seja homem, seja mulher, tenha uma verdadeira oportunidade para sua mais completa e livre autodeterminação, e uma maior capacidade para o desenvolvimento e a implementação de todas as suas aptidões naturais. Os seguidores do materialismo histórico rejeitam a existência de uma questão específica das mulheres separada da questão social geral da atualidade. Por trás da subordinação das mulheres se escondem fatores econômicos específicos; as características naturais têm sido um fator secundário neste processo. Apenas o desaparecimento completo desses fatores, apenas a evolução daquelas forças que em algum momento do passado levaram à subordinação da mulher, será capaz de influenciar e alterar fundamentalmente a composição social atual. Em outras palavras, as mulheres só podem se tornar

[1] Traduzido do espanhol por Maria Luiza Oliveira. Fonte: Ruiz, Tamara (ed.). *Alexandra Kollontai: Los fundamentos sociales de la cuestión femenina y otros escritos*, En Lucha: España, 2011. Versão revisada pela Expressão Popular do texto disponibilizado no portal Marxist.org

verdadeiramente livres e iguais em um mundo organizado por novas diretrizes sociais e de produção.

No entanto, isso não significa que a melhora parcial na vida das mulheres no âmbito do atual sistema não seja possível. A solução radical para a questão dos trabalhadores só é possível com a reconstrução completa das relações produtivas modernas. Mas isso deve nos impedir de trabalhar por reformas que sirvam para satisfazer os interesses mais urgentes do proletariado? Ao contrário, cada nova meta da classe trabalhadora representa um passo que conduz a humanidade para o reino da liberdade e da igualdade social: cada direito que a mulher conquista a aproxima mais do objetivo estabelecido de sua emancipação total.

A socialdemocracia foi a primeira a incluir em seu programa a demanda por igualdade de direitos das mulheres em relação aos dos homens. O Partido sempre exigiu, em todos os lugares, em seus discursos e na imprensa, a retirada de restrições que afetam as mulheres, e foi apenas a influência desse partido que forçou outros partidos e governos a realizar reformas em favor das mulheres. E, na Rússia, esse partido não é apenas teoricamente o defensor das mulheres, mas sempre e em toda parte adere ao princípio da igualdade da mulher.

O que impede as nossas defensoras "dos direitos de igualdade", neste caso, de aceitar o apoio deste partido forte e experiente? O fato é que, por mais "radicais" que as igualitárias possam ser, elas ainda permanecem fiéis a sua própria classe burguesa. No momento, a liberdade política é um pré-requisito essencial para o crescimento e o poder da burguesia russa. Sem ela, verifica-se que todo o seu bem-estar econômico foi construído sobre a areia. A demanda por igualdade política é uma necessidade para as mulheres decorrente da própria vida.

O *slogan* "acesso às profissões" já não é suficiente, e apenas a participação direta no governo do país promete ajudar a melhorar a situação econômica da mulher. Daí o desejo apaixonado das mulheres provenientes da média burguesia pelo direito ao voto e, portanto, a sua hostilidade ao sistema burocrático moderno.

No entanto, as nossas feministas,[2] em suas demandas por igualdade política, são como suas irmãs estrangeiras; os amplos horizontes abertos pela aprendizagem socialdemocrata continuam a ser estranhos e incompreensíveis para elas. As feministas buscam a igualdade no contexto da sociedade de classes existente, de nenhuma maneira atacam a base desta sociedade. Elas lutam por privilégios para si, sem comprometer as prerrogativas e privilégios existentes. Não acusamos as representantes do movimento de mulheres burguesas de não entender o problema; sua visão das coisas flui inevitavelmente da sua posição de classe. [...]

A luta por independência econômica

Em primeiro lugar, devemos nos perguntar se um movimento unitário apenas de mulheres é possível em uma sociedade baseada nas contradições de classe. O fato de que as mulheres que participam no movimento de libertação não representam uma massa homogênea é óbvio para qualquer observador imparcial.

O mundo das mulheres é dividido – como é o dos homens – em dois campos. Os interesses e as aspirações de um grupo de mulheres as aproximam da classe burguesa, enquanto o

2 Ao longo do texto, o uso do termo "feministas" refere-se particularmente às feministas ditas burguesas, que se satisfazem com a organização capitalista, grupo com o qual a autora possuía divergências profundas, conforme será explorado neste texto. (N.O.)

outro grupo tem ligações estreitas com o proletariado, e suas demandas de libertação abrangem uma solução completa para a questão da mulher. Assim, embora ambos os lados sigam o lema geral da "liberação da mulher", seus objetivos e interesses são diferentes. Cada um dos grupos parte inconscientemente dos interesses de sua própria classe, o que dá um colorido específico de classe para os objetivos e tarefas que definem para si.

Apesar das exigências aparentemente radicais das feministas, não se deve perder de vista o fato de que as feministas não podem, devido a sua posição de classe, lutar pela transformação fundamental da estrutura econômica e social contemporânea, sem a qual a libertação das mulheres não pode ser concluída.

Se, em determinadas circunstâncias, as tarefas de curto prazo das mulheres de todas as classes coincidem com os objetivos finais dos dois grupos, no longo prazo, estas determinam a direção do movimento, e as estratégias a serem seguidas tornam-se muito diferentes. Ao passo que, para as feministas, alcançar a igualdade de direitos em relação aos homens dentro da estrutura atual do mundo capitalista representa um fim bastante concreto em si mesmo, a igualdade de direitos no momento presente para as mulheres proletárias é apenas um meio para avançar na luta contra a escravidão econômica da classe trabalhadora. As feministas veem os homens como o inimigo principal, pois os homens tomaram injustamente todos os direitos e privilégios para si, deixando às mulheres apenas correntes e obrigações. Para elas, a vitória é conquistada quando um privilégio desfrutado anteriormente exclusivamente pelo masculino é concedido ao "sexo frágil". Já as mulheres trabalhadoras têm uma visão diferente. Elas não veem os homens como o inimigo e o opressor, ao contrário.

Elas pensam nos homens como seus companheiros, que partilham com elas a monotonia da rotina diária e lutam com elas por um futuro melhor. A mulher e seu companheiro do sexo masculino são escravizados pelas mesmas condições sociais, pelas mesmas odiosas correntes do capitalismo que oprimem as suas vontades e os privam das alegrias e dos encantos da vida. É certo que há vários aspectos específicos do sistema contemporâneo que são um duplo fardo sobre as mulheres, como também é verdade que as condições de trabalho assalariado às vezes convertem as mulheres trabalhadoras em competidoras e rivais dos homens. Mas, nestas condições desfavoráveis, a classe trabalhadora sabe quem é o culpado.

A mulher trabalhadora, não menos do que seu irmão na adversidade, odeia esse insaciável monstro de face dourada cuja única preocupação é extrair toda a seiva de suas vítimas e que cresce à custa de milhões de vidas humanas e se arremete com igual ganância sobre homens, mulheres e crianças. Milhares de fios aproximam a mulher do homem da classe trabalhadora. As aspirações da mulher burguesa, por outro lado, parecem estranhas e incompreensíveis. Não simpatizam com o coração do proletariado, não prometem à proletária aquele futuro brilhante para o qual se voltam os olhos de toda a humanidade explorada.

O objetivo final das proletárias não impede, é claro, o desejo que têm de melhorar a sua situação mesmo no âmbito do sistema burguês existente. Mas a realização desses desejos é constantemente prejudicada por obstáculos decorrentes da própria natureza do capitalismo. Uma mulher pode ter direitos iguais e ser verdadeiramente livre apenas em um mundo onde o trabalho é socializado, harmônico e justo. As feministas não estão dispostas a entender isso e são incapazes de fazê-lo. Parece-lhes que, quando a igualdade for formalmente aceita pela letra da lei, elas serão capazes de conseguir um lugar confortável para si no velho mundo de opressão, escravidão, servidão, lágrimas e dificuldades. E isso é verdade, até certo ponto. Para a maioria das mulheres do proletariado, a igualdade de direitos com os homens significa apenas uma parte igual da desigualdade, mas para as "poucas escolhidas", para as mulheres burguesas, de fato se abriria uma porta para novos direitos e privilégios que até agora só foram apreciados por homens de classe burguesa. Mas cada nova concessão que a mulher burguesa conseguisse seria outra arma para explorar sua irmã menor, e continuaria a aumentar a divisão entre as mulheres dos dois campos sociais opostos. Seus interesses seriam vistos mais claramente em conflito, suas aspirações mais evidentemente em contradição.

Onde, então, está a "questão da mulher" geral? Onde está a unidade de tarefas e aspirações sobre a qual as feministas têm tanto a dizer? Um olhar frio para a realidade mostra que tal unidade não existe e não pode existir. Em vão, as feministas tentam se convencer de que a "questão da mulher" não tem nada a ver com a do partido político, e que "a solução só é possível com a participação de todos os partidos e de todas as mulheres". Como disse uma das feministas radicais da Alemanha, a lógica dos eventos nos obriga a rejeitar essa ilusão reconfortante das feministas. [...]

As condições e as formas de produção têm subjugado mulheres ao longo da história da humanidade, e as têm gradualmente relegado para a posição de opressão e dependência em que a maioria delas permaneceu até agora.

Seria necessário um cataclismo colossal de toda a estrutura social e econômica antes que as mulheres pudessem começar a recuperar a importância e independência que perderam. As inanimadas, porém poderosas, condições de produção resolveram problemas que antes pareciam demasiadamente difíceis até mesmo para os pensadores mais destacados. As mesmas forças que por milhares de anos escravizaram as mulheres agora, numa fase posterior do desenvolvimento, as estão conduzindo pelo caminho da liberdade e independência.

A questão da mulher tornou-se importante para as mulheres das classes burguesas por volta da metade do século XIX: um tempo considerável depois que a mulher proletária tinha chegado ao mercado de trabalho. Sob o impacto do sucesso monstruoso do capitalismo, as classes médias da população foram atingidas por ondas de necessidade. As mudanças econômicas tornaram instável a situação financeira da pequena e da média burguesia, e as mulheres burguesas enfrentaram um dilema de proporções alarmantes: ou aceitar a pobreza ou conseguir o direito ao trabalho. As esposas e filhas desses grupos sociais começaram a bater nas portas das universidades, salões de arte, editoras, escritórios, inundando as profissões que estavam abertas para elas. O desejo das mulheres burguesas de obter acesso à ciência e aos maiores benefícios da cultura não era resultado de uma súbita necessidade, madura, mas veio da mesma questão do "pão de cada dia".

As mulheres da burguesia encontraram, desde o primeiro momento, forte resistência dos homens. Foi travada uma batalha tenaz entre os homens profissionais, apegados aos seus "pequenos e confortáveis empregos", e as mulheres que eram novatas em matéria de ganhar seu pão de cada dia. Essa luta resultou no "feminismo": a tentativa de mulheres burguesas ficarem unidas e medir suas forças comuns contra o inimigo, contra os homens. Quando essas mulheres entraram no mundo do trabalho, se referiam a si mesmas, orgulhosamente, como a "vanguarda do movimento de mulheres". Elas se esqueciam que, neste caso, na conquista da independência econômica, como em outros lugares, estavam andando nas trilhas de suas irmãs menores e colhendo os frutos dos esforços de suas mãos calejadas.

Então, é realmente possível falar das feministas como as pioneiras no caminho para o trabalho das mulheres, quando em cada país centenas de milhares de mulheres proletárias haviam inundado fábricas e oficinas, apoderando-se de um ramo após o outro da indústria, antes mesmo do movimento de mulheres burguesas ter nascido? Só por meio do reconhecimento do trabalho das mulheres trabalhadoras no mercado mundial as mulheres burguesas puderam ocupar a posição independente na sociedade de que tanto as feministas se orgulham.

Achamos difícil apontar um único evento na história da luta das mulheres proletárias para melhorar suas condições materiais em que o movimento feminista em geral tenha contribuído significativamente. Seja o que for que as mulheres proletárias tenham conseguido melhorar em seus padrões de vida, isso é o resultado dos esforços da classe trabalhadora em geral e delas mesmas, em particular. A história da luta das mulheres trabalhadoras para melhorar suas condições de trabalho e por uma vida mais digna é a história da luta do proletariado pela libertação.

O que força os proprietários da fábrica a aumentar o preço do trabalho, reduzir as horas de trabalho e introduzir melhores condições de trabalho, se não o medo de uma grave explosão de insatisfação do proletariado? O que, se não o medo dos "conflitos trabalhistas", convence o governo a criar leis para limitar a exploração do trabalho pelo capital?

Não existe um único partido no mundo que tenha assumido a defesa das mulheres como a socialdemocracia o fez. A mulher trabalhadora é antes de tudo um membro da classe trabalhadora, e quanto mais satisfatória seja a posição e o bem-estar geral de cada membro da família proletária, maior será o benefício a longo prazo para o conjunto da classe trabalhadora. [...]

Tendo em vista as crescentes dificuldades sociais, a lutadora devota à causa deve encontrar-se em uma triste perplexidade. Ela não pode deixar de ver quão pouco o movimento geral de mulheres fez pelas mulheres proletárias, quão incapaz é de melhorar as condições de trabalho e de vida da classe trabalhadora. O futuro da humanidade deve parecer cinza, apagado e incerto para aquelas mulheres que estão lutando por igualdade, mas que ainda não adotaram a perspectiva mundial do proletariado, ou não desenvolveram uma fé firme na chegada de um sistema social mais perfeito. Enquanto o mundo capitalista atual permanecer inalterado, a libertação deve lhes parecer incompleta e tendenciosa. O desespero deve abraçar as mais pensativas e sensíveis dessas mulheres. Apenas a classe operária é capaz de manter a moral em um mundo moderno com suas relações sociais distorcidas. Com passo firme e ritmado, avança firmemente em direção a seu objetivo. Atrai as mulheres trabalhadoras às suas fileiras. A mulher proletária bravamente começa o caminho espinhoso do trabalho assalariado. Suas pernas fraquejam, seu corpo se desgasta. Há precipícios perigosos ao longo do caminho, e predadores cruéis estão à espreita.

Mas apenas tomando este caminho a mulher é capaz de alcançar esse distante, mas atraente, alvo: sua verdadeira libertação em um novo mundo do trabalho. Durante este difícil passo na direção do futuro brilhante, a mulher trabalhadora, até recentemente humilhada, uma escrava oprimida sem direitos, aprende a se livrar da mentalidade de escrava a que tinha se aferrado e passo a passo transforma-se em uma trabalhadora independente, uma personalidade independente, livre no amor. É ela que, lutando nas fileiras do proletariado, garante às mulheres o direito ao trabalho; é ela, a "irmã menor", quem prepara o terreno para a mulher "livre" e "igual" do futuro.

Por que razão, então, a mulher trabalhadora deve buscar uma união com as feministas burguesas? Quem, de fato, seria beneficiada no caso de tal aliança? Certamente, não a mulher trabalhadora. Ela é a sua própria salvadora, seu futuro está em suas próprias mãos. A mulher trabalhadora protege seus interesses de classe e não se deixa enganar pelos grandes discursos sobre o "mundo compartilhado por todas as mulheres". A mulher trabalhadora não deve esquecer e não se esquece que, embora a meta de mulheres burguesas seja garantir seu bem-estar no contexto de uma sociedade antagônica, o nosso objetivo é construir, no lugar do velho mundo, obsoleto, um templo brilhante de trabalho universal, solidariedade fraterna e alegre liberdade. [...]

O casamento e o problema da família

Vamos voltar nossa atenção para outro aspecto da questão feminina, o problema da família. É bem conhecida a importância, para a real emancipação da mulher, a resolução desse problema latente e complexo. A aspiração das mulheres à igualdade de direitos não pode ser plenamente satisfeita apenas pela luta por emancipação política, a obtenção de um doutoramento ou outras qualificações acadêmicas, ou um salário igual para um mesmo posto de trabalho. Para se tornar verdadeiramente livre, a mulher deve desatar as correntes que as predem na forma atual, antiquada e opressiva de família. Para a mulher, a solução para o problema familiar não é menos importante do que a conquista da igualdade política e o estabelecimento da independência econômica completa.

As formas atuais, estabelecidas por lei e costume, da estrutura familiar fazem com que a mulher esteja oprimida não só como pessoa, mas também como esposa e mãe. Na maioria dos países civilizados, o Código Civil coloca as mulheres em situação de maior ou menor dependência em relação ao homem, e dá ao marido o direito de dispor dos bens de sua esposa e reinar sobre ela moral e fisicamente. [...]

E onde acaba a escravatura familiar oficial, legalizada, começa a chamada "opinião pública", exercendo os seus direitos sobre a mulher. Essa opinião pública é criada e mantida pela burguesia, a fim de proteger a "instituição sagrada da propriedade". Serve para reafirmar uma hipócrita "dupla moral". A sociedade burguesa aprisiona a mulher em uma situação financeira intolerável, pagando um salário ridículo pelo seu trabalho. A mulher está privada do direito que todo cidadão tem de levantar a voz para defender seus interesses pisoteados, e tem a grande bondade de lhe oferecer a seguinte alternativa: ou o jugo conjugal ou a asfixia da prostituição, que abertamente é desprezada e condenada, mas secretamente apoiada e sustentada.

É necessário insistir nos aspectos sombrios da vida matrimonial de hoje, sobre o sofrimento da mulher que está intimamente ligado às estruturas familiares atuais. Já se escreveu e se disse muito sobre este assunto. A literatura está cheia de caixas-pretas que pintam a nossa desordem familiar e matrimonial. Nesse campo, quantas tragédias psicológicas, quantas vidas mutiladas, quantas existências envenenadas! Por enquanto, só nos importa ressaltar que a atual estrutura familiar oprime as mulheres de todas as classes e condições sociais. Costumes e tradições perseguem a mãe solteira da mesma forma, seja qual for o setor da população a que pertença, as leis colocam sob a tutela do marido tanto a mulher burguesa como a proletária e a camponesa.

Descobrimos, finalmente, um aspecto da questão feminina sobre o qual as mulheres de todas as classes podem se unir? Elas não podem lutar juntas contra as condições que as oprimem? Será que o sofrimento e a dor comuns apagam o abismo do antagonismo de classe e criam uma comunidade de aspirações e tarefas para as mulheres de diferentes planos? É viável, por acaso, em relação aos desejos e objetivos comuns, uma colaboração das burguesas e proletárias? Afinal, as feministas que lutam simultaneamente para alcançar formas mais livres do casamento e do "direito à maternidade" levantam suas vozes em defesa da prostituta, a que todos assediam. Observe como a literatura feminista é rica em buscar novos estilos de união do homem e da mulher e de esforços corajosos para a "igualdade moral" entre os sexos. Não é verdade que, enquanto no campo da liberalização econômica as burguesas se situam na retaguarda do exército das milhões de proletárias, que abrem o caminho para a "nova mulher", na luta para resolver os problemas familiares os reconhecimentos são para as feministas?

Aqui na Rússia, as mulheres da burguesia média – ou seja, esse exército de mulheres que, possuindo uma situação independente, de repente se encontraram na década de 1860, lançadas no mercado de trabalho – resolveram na prática, individualmente, muitos aspectos embaraçosos da questão do casamento, passando, corajosamente, por cima do casamento religioso tradicional e substituindo a forma consolidada da família por uma frágil união, o que corresponde melhor às necessidades dessa camada intelectual, em movimento, da população. Mas soluções individuais, subjetivas, dessa questão não mudam a situação e nem abrandam o triste panorama geral da vida familiar. Se alguma força está destruindo a forma atual da família, não é o esforço hercúleo de indivíduos separadamente mais ou menos fortes, mas as forças inanimadas e poderosas da produção, que estão intransigentemente construindo a vida em novas bases. [...]

A luta heroica das jovens mulheres individuais do mundo burguês, que desafiam a sociedade e demandam dela o direito de "ousar amar" sem ordens ou correntes, deve servir como exemplo para todas as mulheres definhando sob o peso das correntes familiares: é o que pregam as feministas estrangeiras mais emancipadas e também as nossas modernas defensoras da igualdade aqui. Em outras palavras, segundo o espírito que anima as feministas, a questão do casamento será resolvida independentemente das condições do contexto, independentemente de uma mudança na estrutura econômica da sociedade, simplesmente graças aos esforços heroicos individuais e isolados. Basta, simplesmente, que a mulher "se atreva", e o problema do casamento vai cair por sua própria inércia.

Mas as mulheres menos heroicas balançam a cabeça em dúvida: "está tudo muito bem para as heroínas dos romances, para as quais um autor perspicaz provê uma renda confortável, bem como amigos abnegados e um charme extraordinário. Mas o que podem fazer aquelas sem salário suficiente, amigos, ou qualquer recurso extraordinário?" E em relação à questão da maternidade, que se coloca para o olhar ansioso da mulher sedenta por liberdade, o que temos? E o "amor livre", é possível, viável não como algo isolado e excepcional, mas como um evento normal na estrutura econômica da sociedade de hoje, isto é, como norma vigente e reconhecida por todos? Pode ser ignorado o elemento que determina a forma atual do casamento e da família, a propriedade privada? Pode-se, neste mundo individualista, abolir por inteiro a regulamentação do casamento sem que padeçam por ele os interesses da mulher? Pode-se abolir a única garantia que se tem de que nem todo o peso da maternidade recairá sobre ela? No caso de dar efeito a essa supressão, não aconteceria à mulher o que aconteceu com os operários? A remoção dos obstáculos impostos pelos regulamentos corporativos, sem que novas obrigações fossem instituídas para os empregadores, deixou os operários à mercê do poder capitalista descontrolado, e o *slogan* sedutor da "associação livre de capital e trabalho" se transformou em uma forma descarada de exploração do trabalho nas mãos do capital. O "amor livre", sistematicamente introduzido na sociedade de classes atual, em vez de libertar a mulher das dificuldades da vida familiar, não a sobrecarregará, provavelmente como um novo fardo, a tarefa de cuidar de seus filhos sozinha e sem ajuda?

Apenas uma série de reformas radicais no âmbito das relações sociais, reformas por meio das quais as obrigações familiares recaiam sobre a sociedade e o Estado, criaria a situação favorável para que o princípio do "amor livre" pudesse, em certa medida, ser realizado. Mas podemos contar seriamente com isso no atual Estado de classes? Por mais democrático que seja, estaria o Estado disposto a assumir todas as obrigações relativas às mães e à geração mais jovem, ou seja, aquelas obrigações em relação ao momento de família como célula individualista? Apenas uma transformação radical das relações produtivas pode criar as condições sociais indispensáveis para proteger a mulher contra os aspectos negativos decorrentes da fórmula elástica do "amor livre". Realmente não vemos que confusão e que desordens dos costumes sexuais estão muitas vezes escondidos, nas atuais circunstâncias, em tal fórmula? Observem todos esses senhores, empresários e gerentes das empresas industriais: muitas vezes não se aproveitam, ao seu modo, do "amor livre", forçando as operárias, empregadas e criadas a se submeterem a seus caprichos sexuais, sob a ameaça de demissão? Os patrões que assediam as empregadas e, em seguida, as colocam na rua quando estas engravidam, por acaso já não estão aplicando a fórmula de "amor livre"?

"Mas nós não estamos falando sobre esse tipo de 'liberdade'", opõem-se as defensoras da união livre.

> Ao contrário, exigimos a instauração de uma 'moral única', igualmente obrigatória para o homem e a mulher. Nós nos opomos à desordem dos costumes sexuais de hoje, proclamamos que só é pura a união livre fundamentada em um 'amor verdadeiro'.

Mas vocês não acham, queridas amigas, que o ideal de "união livre" de vocês, implementado na atual situação econômica e social, corre o risco de dar resultados que diferem muito pouco da forma distorcida de liberdade sexual? O princípio do "amor livre" não poderá entrar em vigor sem trazer novos sofrimentos à mulher mais do que quando ela se livrou dos grilhões materiais que agora a faz duplamente dependente: os do capital e os de seu marido. O acesso das mulheres a um trabalho independente e à autonomia econômica fez surgir uma certa possibilidade de "amor livre", especialmente para as intelectuais que exercem as profissões que são mais bem remuneradas. Mas a dependência da mulher com relação ao capital ainda segue, e ainda se agrava, à medida que cresce o número de mulheres proletárias empurradas a vender sua força de trabalho. O *slogan* do "amor livre" pode melhorar a situação dessas mulheres que ganham apenas o mínimo para não morrer de fome? E, além disso, o amor livre já não é amplamente praticado na classe trabalhadora, a tal ponto que em mais de uma vez a burguesia fez soar o alarme e denunciou a "depravação" e a "imoralidade" do proletariado? Cabe notar que, quando as feministas falam com entusiasmo sobre as novas formas de união extraconjugal para as burguesas emancipadas, dão-lhes o belo nome de "amor livre". Mas quando se trata da classe operária, as mesmas uniões extraconjugais são vituperadas com o termo depreciativo de "relações sexuais desordenadas". É bastante significativo.

No entanto, para a proletária, dadas as condições atuais, as consequências da vida em conjunto, seja ela de origem livre ou consagrada pela Igreja, permanecem igualmente dolorosas. Para a esposa e a mãe proletária, a chave para o problema conjugal e da família não está em suas formas externas, rituais ou civis, mas nas condições econômicas e sociais que determinam essas relações familiares complexas que a mulher da classe operária deve enfrentar. Claro, também é importante para ela saber se seu marido pode dispor dos salários que ela ganhou, se como marido ele tem o direito de forçá-la a viver com ele mesmo contra sua vontade, se ele pode remover as crianças à força etc. Mas não são esses parágrafos do Código Civil que determinam a situação real da mulher na família, e não serão resolvidos neles o difícil problema familiar. Seja a união legalizada perante um notário, consagrada pela Igreja ou com base no princípio do livre consentimento, a questão do casamento perderia a sua relevância para a maioria das mulheres se, e somente se, a sociedade as livrasse das mesquinhas preocupações de casa, hoje inevitáveis neste sistema de economias domésticas individuais e dispersas. Ou seja, se a sociedade assumisse o cuidado das gerações mais jovens, se fosse capaz de proteger a maternidade e dar a cada criança uma mãe, pelo menos durante os primeiros meses.

As feministas estão lutando contra um fetiche: o casamento legalizado e consagrado pela Igreja. As mulheres proletárias, ao contrário, lutam contra as causas que levaram à atual forma de matrimônio e da família, e quando elas se esforçam para mudar essas condições de vida, sabem que também estão contribuindo para a reforma das relações entre os sexos. É aí que reside a principal diferença entre a abordagem da burguesia e a do proletariado para resolver o complexo problema da família.

Acreditando ingenuamente na possibilidade de criação de novas formas de relações conjugais e familiares no cenário sombrio da sociedade de classes contemporânea, as feministas e os reformadores sociais pertencentes à burguesia buscam dolorosamente essas novas formas. E já que a vida, por si própria, ainda não as criou, elas precisam inventá-las a todo custo. Deveriam ser, na sua opinião, formas modernas das relações sexuais capazes de resolver o complexo problema da família sob o sistema social vigente. E os ideólogos do mundo burguês – jornalistas, escritores e mulheres proeminentes que lutam pela emancipação – propõem, cada um a seu modo, a sua "panaceia familiar", sua nova "fórmula do casamento".

Como soam utópicas estas fórmulas de casamento! Quão frágeis são esses paliativos, quando considerados à luz da realidade dolorosa da nossa estrutura familiar moderna! A "união livre", o "amor livre"! Para que essas fórmulas possam ser efetivadas, é necessário proceder a uma reforma radical de todas as relações sociais entre as pessoas. Além disso, é necessário que regras da moralidade sexual, e com elas toda a psicologia humana, sofram uma profunda evolução, uma evolução fundamental. Será que a psicologia humana atual está realmente disposta a admitir o princípio do "amor livre"? E os ciúmes, que consomem as melhores almas humanas? E esse sentimento, tão profundamente enraizado, dos direitos de propriedade não só sobre o corpo, mas também sobre a alma do companheiro? E a incapacidade de inclinar-se com simpatia frente a uma manifestação da individualidade da outra pessoa, o habitual costume de "dominar" o ser amado ou de se tornar seu "escravo"? E esse sentimento amargo, mortalmente amargo, de abandono e infinita solidão que se apodera de nós, quando o ser amado já não nos ama e nos deixa? Onde pode encontrar conforto a pessoa solitária, individualista? A "coletividade", na melhor das hipóteses, é "um objetivo" para o qual dirigir as forças morais e intelectuais. Mas as pessoas de hoje são capazes de comungar com essa coletividade, a ponto de sentir a influência da interação entre si? Será que a vida coletiva pode por si só substituir as pequenas alegrias pessoais do indivíduo? Sem uma alma que esteja perto, uma "única" alma gêmea, até mesmo um socialista, até mesmo um coletivista estará infinitamente sozinho em nosso mundo hostil, e só na classe operária podemos vislumbrar o brilho pálido anunciando novos relacionamentos, mais harmoniosos, de espírito mais social entre as pessoas. O problema da família é tão complexo, confuso e múltiplo como a própria vida, e não será nosso sistema social que permitirá resolvê-lo.

Outras fórmulas de casamento têm sido propostas. Várias mulheres progressistas e pensadores sociais consideram a união do casamento apenas como um método de produzir descendência. O casamento em si, eles argumentam, não tem nenhum valor especial para a mulher: a maternidade é a sua finalidade, seu objetivo sagrado, a sua missão na vida. Graças a tais defensoras inspiradas, como Ruth Bray e Ellen Key, o ideal burguês reconhece a mulher antes de mais nada como fêmea, e não como uma pessoa que adquiriu uma aura especial do progressismo. A literatura estrangeira aceitou entusiasticamente o lema proposto por essas mulheres modernas. E mesmo aqui, na Rússia, no período anterior à tempestade política (de 1905), antes que os valores sociais fossem revistos, a questão da maternidade tinha atraído a atenção da imprensa diária. O lema "o direito à maternidade" não pode evitar a produção de uma resposta animada nos círculos mais amplos da população feminina. Assim, apesar do fato de que todas as propostas para as feministas, neste contexto, tenham sido de natureza utópica, o problema era muito importante e atual para não atrair as mulheres.

"O direito à maternidade" é o tipo de problema que afeta não só as mulheres da classe burguesa, mas também, em maior medida, as mulheres proletárias. O direito de ser mãe – palavras bonitas que vão diretamente ao "coração de qualquer mulher" e o faz bater mais rápido. O direito de alimentar o "próprio" filho com seu leite e de assistir aos primeiros sinais de despertar da sua consciência, o direito de cuidar de seu corpo minúsculo e de proteger sua alma delicada dos espinhos e dos sofrimentos dos primeiros passos de vida: que mãe não apoiaria essas demandas?

Parece que, novamente, nos deparamos com um problema que poderia servir como um momento de unidade entre mulheres de diferentes estratos sociais: pode parecer que temos finalmente a ponte entre as mulheres de dois mundos hostis. Vamos dar uma olhada mais de perto para descobrir o que as mulheres burguesas progressistas entendem por "direito à maternidade". Assim, podemos ver se as mulheres proletárias, de fato, podem concordar com as soluções para o problema da maternidade fornecidas pelas igualitárias burguesas. Aos olhos de suas entusiastas apologistas, a maternidade tem um caráter quase sagrado. Lutando para romper com os falsos preconceitos que marcam uma mulher por se engajar em uma atividade natural – ao dar à luz a um filho , porque a atividade não tem sido santificada por lei, as lutadoras pelo direito à maternidade lutam em outra direção: para elas, a maternidade tornou-se o objetivo da vida de uma mulher. [...]

A devoção de Ellen Key às obrigações da maternidade e da família a obriga a oferecer uma garantia de que a unidade familiar isolada continuará a existir mesmo em uma sociedade transformada em termos socialistas. A única mudança, a seu ver, é que todos os elementos acessórios que envolvem uma vantagem ou benefício material serão excluídos da união matrimonial, que será realizada de acordo com as inclinações mútuas, sem cerimônias ou formalidades: amor e casamento serão verdadeiramente equivalentes. No entanto, a célula familiar isolada é o resultado do moderno mundo individualista, com sua luta pela sobrevivência, suas pressões, sua solidão; a família é um produto do monstruoso sistema capitalista. E Key espera legar a família à sociedade socialista! O sangue e os laços de parentesco agora servem, muitas vezes, é verdade, como o único apoio da vida, como o único porto seguro em tempos de penúrias e desgraças. Mas isso será moral ou socialmente necessário no futuro? Key não responde a esta pergunta. Ela tem muita consideração pela "família ideal", esta unidade egoísta da burguesia média para a qual os devotos da estrutura burguesa da sociedade olham com tanta admiração.

Mas a talentosa, ainda que imprevisível, Ellen Key não é a única que se desorienta nas contradições sociais. Não há, provavelmente, nenhuma outra questão como a do casamento e da família sobre a qual haja tão pouco acordo entre os socialistas. Se organizássemos uma pesquisa entre os socialistas, o resultado provavelmente seria muito curioso. A família está se desfigurando? Ou há razões para acreditar que os problemas familiares hoje são apenas uma crise passageira? Será que a forma atual da família na sociedade do futuro se conservaria, ou seria enterrada ao lado do sistema capitalista moderno? Estas são perguntas que bem poderiam obter respostas bastante diferentes. [...]

A passagem da função educativa da família para a sociedade fará desaparecer os últimos laços que mantêm unida a célula familiar isolada. A velha família burguesa começará a desintegrar-se de maneira ainda mais rápida e, no clima de mudança, veremos desenhar-se com nitidez as silhuetas ainda indefinidas de relações conjugais futuras. Que silhuetas confusas são essas, ainda imersas nas brumas das influências atuais?

É necessário repetir que a forma opressiva atual do casamento dará espaço para a união livre de indivíduos que se amam? O ideal de amor livre, apresentado à faminta imaginação das mulheres que lutam por sua emancipação, certamente corresponde até certo ponto à pauta das relações entre os sexos que a sociedade coletivista instaurará. No entanto, as influências sociais são tão complexas e suas interações tão diversas que, agora, é impossível imaginar exatamente como serão as relações do futuro, quando todo o sistema mudar radicalmente. Mas a lenta evolução das relações entre os sexos que acontece diante dos nossos olhos atesta claramente que o ritual de casamento e a família constritiva e fechada estão condenados ao desaparecimento.

A luta pelos direitos políticos

As feministas respondem às nossas críticas dizendo: mesmo que pareçam equivocados os argumentos que estão por trás da nossa defesa dos direitos políticos das mulheres, pode ser minimizada a importância da própria demanda, que é igualmente urgente para as feministas e para as representantes da classe trabalhadora? Não podem as mulheres de ambas as classes sociais, para o bem de suas aspirações políticas comuns, superar as barreiras do antagonismo de classe que as separam? Não serão capazes de, seguramente, travar uma luta comum contra as forças hostis que as rodeiam? A divisão entre a burguesia e o proletariado é tão inevitável como outras questões que nos preocupam, mas no caso desta questão em particular as feministas acreditam que as mulheres de diferentes classes sociais não têm nenhuma diferença.

As feministas sempre voltam para esses argumentos com amargura e perplexidade, vendo noções preconcebidas de lealdade partidária na recusa das representantes da classe trabalhadora para unir forças com elas na luta pelos direitos políticos das mulheres. É realmente esse o caso? Existe uma identificação completa das aspirações políticas ou, neste caso, como em todos os outros, o antagonismo cria um exército de mulheres indivisíveis, acima das classes? Devemos responder a esta questão antes de podermos definir as táticas que as mulheres proletárias utilizarão para a obtenção dos direitos políticos para o seu sexo.

As feministas afirmam estar do lado da reforma social, e algumas delas inclusive dizem apoiar o socialismo – em um futuro distante, é claro –, mas não pretendem lutar nas fileiras da classe operária para atingir esse objetivo. As melhores delas acreditam, com ingênua sinceridade, que, uma vez que os assentos dos deputados estiverem à sua disposição, serão capazes de curar as feridas sociais que se formaram, na sua opinião, porque os homens, com seu egoísmo inerente, foram os donos da situação. Apesar das boas intenções dos vários grupos individuais de feministas para com o proletariado, sempre que se levanta a questão da luta de classes, elas deixam o campo de batalha com medo. Reconhecem que não querem interferir em causa alheia, preferindo retirar-se para seu liberalismo burguês que lhes é tão confortavelmente familiar.

Por mais que as feministas burguesas tentem suprimir o verdadeiro propósito dos seus desejos políticos, por mais que assegurem a suas irmãs "menores" que a participação na vida política promete benefícios incomensuráveis para as mulheres da classe trabalhadora, o espírito burguês que permeia todo o movimento feminista dá um colorido de classe até mesmo às reivindicações por igualdade de direitos políticos com os homens, o que poderia parecer uma demanda geral das mulheres. Objetivos e interpretações distintas sobre como devem ser usados os direitos políticos criam um abismo intransponível entre as mulheres burguesas e as proletárias. Isso não contradiz o fato de que as tarefas imediatas dos dois grupos de mulheres coincidem em certa medida, posto que os representantes de todas as classes que têm chegado ao poder político se esforçam especialmente na obtenção de uma revisão do Código Civil, que, em cada país, em maior ou menor grau, discrimina as mulheres. As mulheres pressionam para conseguir mudanças legais que criam condições de trabalho mais favoráveis para elas, se mantêm unidas contra os regulamentos que legalizam a prostituição etc. No entanto, a coincidência dessas tarefas imediatas é de caráter puramente formal. Assim, o interesse de classe determina que a atitude dos dois grupos para com estas reformas seja profundamente contraditória.

O instinto de classe – digam o que disserem as feministas – sempre se mostra ser mais poderoso do que o nobre entusiasmo das políticas "acima das classes". Enquanto as mulheres burguesas e suas "irmãs menores" são iguais em sua desigualdade, as primeiras podem, com toda a sinceridade, fazer grandes esforços para defender os interesses gerais das mulheres. Mas uma vez superadas essas barreiras, tendo as mulheres burguesas acessado a atividade política, as defensoras atuais dos "direitos de todas as mulheres" vão se tornar defensoras entusiastas dos privilégios da sua classe, se contentarão em deixar as irmãs menores sem quaisquer direitos. Então, quando as feministas falam com as mulheres trabalhadoras sobre a necessidade de uma luta comum para obter algum princípio "geral das mulheres", as mulheres da classe trabalhadora ficam naturalmente desconfiadas.

O AMOR E A NOVA MORAL (1911)[1]

Nos anos de 1910 e 1911, período durante o qual diminuiu na Rússia o interesse pelos problemas sexuais, apareceu na Alemanha um estudo psicossociológico de Grete Meisel-Hess[2] sobre a crise sexual, livro que não foi um êxito de público. O romance de Karin Michaelis, *A idade perigosa*, publicado pouco depois, livro que carece de grande valor artístico e cuja audácia não vai além dos limites permitidos pelas conveniências de bom tom literário, relegou a segundo plano, com o seu imerecido êxito, a obra de Meisel-Hess. Foi qualificado pela crítica como "um livro bem escrito, mas sem nenhum valor científico". Unicamente entre as altas rodas intelectuais, entre a nata da sociedade alemã, este livro foi saudado com aplau-

---

1 Traduzido do inglês por Roberto Goldkorn. Fonte: Kollontai, Alexandra. *Sexual Relations and the Class Struggle* and *Love and the New Morality*. Bristol: Falling Wall Press, 1972.

2 Gretel Meisel-Hess (1989-1922) foi uma feminista austríaca que, no início do século XX escreveu diversas obras sobre a questão da liberação sexual feminina, incluindo ensaios e romances. Entre suas obras publicadas, destacamos *Die sexuelle Krise: Eine sozialpsychologische Untersuchung* [*A crise sexual: uma crítica à nossa vida sexual*], publicado originalmente em 1909 e traduzido para o inglês em 1917 por Eden e Cedar Paul, com o título *The Sexual Crisis: A Critique of Our Sex Life*. Para mais detalhes sobre a influência da escritora na época, ver Thorson, Helga. *Grete Meisel-Hess: The New Woman and the Sexual Crisis*. New York: Boydell & Brewer, 2022. (N.O.)

sos por alguns e com mostras de desagrado e indignação por outros, sorte comum a todo sincero investigador da verdade.

O fato de que o livro de Meisel-Hess careça de uma série de qualidades científicas, o fato de que se possa reprovar a falta de método e análise, o fato de que não siga um procedimento sistemático, que seu pensamento seja em alguns momentos inseguro e sinuoso e que repita coisas já expostas, não pode diminuir de modo algum o valor desse trabalho.

Um hálito de frescor se desprende do livro. A investigação da verdade enche as páginas vivas e apaixonadas dessa exposição, na qual se reflete uma vibrante alma de mulher que conhece perfeitamente a vida. Os pensamentos de Meisel-Hess não são novos; flutuam no ambiente, enchem e saturam toda a nossa atmosfera moral.

Os problemas que Meisel examina nos são conhecidos. Todos nós temos meditado sobre eles, vivemo-los em toda a sua dor. Não há nenhuma pessoa que, depois de refletir sobre esse problema, não haja chegado, por um caminho ou por outro, às conclusões gravadas nas páginas do livro *A crise sexual*. Mas, fiéis à hipocrisia que nos domina, continuamos adorando publicamente o velho ídolo: a moral burguesa. O mérito de Meisel-Hess é semelhante ao do menino do conto de Andersen. Meisel-Hess atreveu-se a gritar à sociedade "que o rei está nu", ou seja, que a moral sexual contemporânea não passa de uma vã ficção.

Com efeito, as normas morais que regulam a vida sexual do homem não podem ter mais do que duas finalidades, dois objetivos. Primeiro, assegurar à humanidade uma descendência sã, normalmente desenvolvida: contribuir para a seleção natural no interesse da espécie. Segundo, contribuir para o desenvolvimento da psicologia humana, enriquecê-la com sentimentos de solidariedade, de companheirismo, de coletividade. A moral sexual atual, como moral que serve unicamente aos interesses da propriedade, não preenche nenhuma dessas duas finalidades. Todo o código complicado da moral sexual contemporânea, com o matrimônio monogâmico indissolúvel, que raras vezes está baseado no amor, e a instituição da prostituição, tão difundida e organizada, não só não contribui para o saneamento e o melhoramento da espécie como produz efeitos contraditórios, ou seja, favorece a seleção natural em sentido inverso. A moral contemporânea não faz mais do que conduzir a humanidade pelo caminho da degenerescência ininterrupta.

Os matrimônios tardios, a esterilidade forçada nos períodos mais favoráveis para a concepção, o recurso da prostituição completamente inútil do ponto de vista do interesse da espécie, a ausência de um fator tão importante como o êxtase amoroso nos matrimônios convencionais, no matrimônio legal e indissolúvel; o fato de que os modelos femininos mais formosos, os mais capacitados para provocar as emoções eróticas dos homens fiquem reduzidos à esterilidade da prostituição; a condenação à morte que pesa sobre os filhos do amor, produtos ilegais da espécie, frequentemente os mais valiosos por serem os mais sãos e vigorosos, tudo isso é resultado direto da moral corrente, resultado que conduz irremediavelmente à realidade, decadência e degenerescência física e moral da humanidade.

O propósito de Meisel Hess, de harmonizar a moral sexual e o objetivo da higiene da espécie, merece uma grande atenção e deve interessar principalmente aos partidários da concepção materialista da história. A defesa da jovem geração trabalhadora, a proteção da maternidade e da infância, a luta contra a prostituição e outras reivindicações dos programas socialistas contêm, no essencial, a higiene da espécie na sua mais ampla acepção. Tirar da moral sexual a auréola do inviolável imperativo categórico, harmonizar a moral sexual com as necessidades vitais e práticas e com as exigências da vanguarda da humanidade, é a tarefa que deve figurar na ordem do dia e que requer forçosamente a atenção reflexiva e consciente de todos os programas socialistas.

Por muito valiosos que sejam os pensamentos de Meisel-Hess sobre essa questão, ultrapassaríamos indubitavelmente os limites do ensaio se nos dedicássemos a analisar detalhadamente essa parte do livro. Portanto, somente examinaremos aqui a segunda parte do problema sexual. Unicamente estudaremos as respostas não menos valiosas e interessantes de Meisel-Hess à segunda pergunta: atingem seus fins as formas atuais da moral sexual? Ou seja, contribuem para desenvolver no homem sentimentos de solidariedade, de companheirismo e, consequentemente, para o enriquecimento da psicologia humana?

Depois de submeter a uma análise sistemática as três formas fundamentais da união entre os sexos, o matrimônio legal, a livre união e a prostituição, Meisel-Hess chega a uma conclusão pessimista, porém inevitável, de que no mundo capitalista todas essas formas, tanto umas como outras, marcam e deformam a alma humana e contribuem para a perda de qualquer esperança de se conseguir uma felicidade sólida e duradoura, numa comunidade de almas profundamente humanas: no estado invariável e estagnado da psicologia contemporânea, não há solução possível para a crise sexual.

Somente uma transformação fundamental da psicologia humana poderá transpor a porta proibida, somente o enriquecimento da psicologia humana no potencial do amor pode transformar as relações entre os sexos e convertê-las em relações impregnadas de verdadeiro amor, dotadas de uma afinidade real, em uniões sexuais que nos tornem felizes. Porém, uma transformação desse gênero exige inevitavelmente a transformação fundamental das relações econômico-sociais: isto é, exige o estabelecimento do regime comunista.

Quais são os defeitos fundamentais, as partes sombrias do matrimônio legal? O matrimônio legal está fundado em dois princípios igualmente falsos: a indissolubilidade, por um lado, e o conceito de propriedade, de posse absoluta, de um dos cônjuges pelo outro.

A indissolubilidade do matrimônio legal está baseada numa concepção contrária a toda ciência psicológica; na invariabilidade da psicologia humana no transcurso de uma longa vida. A moral contemporânea obriga o homem a encontrar sua felicidade a qualquer preço e, ao mesmo tempo, exige dele que descubra esta felicidade na primeira tentativa, sem equivocar-se nunca. A moral contemporânea não admite que o homem se equivoque na sua escolha entre milhares de seres que o cercam. Necessariamente, o homem tem que encontrar uma alma que se harmonize com a sua, um segundo único eu que o fará feliz no casamento. Quando um ser humano se equivoca na sua escolha, principalmente se o ser que vacila e se perde na busca do ideal é uma mulher, a sociedade, tão exigente e deformada pela moral contemporânea, não o acode. Pouco importa à sociedade que a alma e o coração de uma mulher que se equivoca se destrocem no fragor das decepções. Não a ajudará, mas, ao contrário, a perseguirá com fúria vingativa para, inexoravelmente, condená-la.

A delicada flor da moral sexual é uma felicidade adquirida à custa da escravidão da mulher à sociedade. Uma leal separação do casal é considerada pela atual sociedade – interessada unicamente na ideia da propriedade e não nos destinos da espécie, nem sequer na felicidade individual – como a ofensa maior que se lhe pode infligir. Entretanto, nada mais certo, observa com grande tristeza Meisel-Hess, do que a semelhança entre o matrimônio e uma casa habitada. Suas más condições só são descobertas após habitá-la por algum tempo. "Se nos vemos obrigados a mudar frequentemente de casas sem conforto e pouco apropriadas a nossas necessidades, sentimo-nos como perseguidos pela má sorte. Mas, indiscutivelmente, a situação se torna muito mais terrível se a necessidade nos obriga a viver todo o resto da existência em péssimas condições". "A transformação das uniões amorosas no curso da vida humana" – continua Meisel-Hess – "e durante o processo de evolução de uma individualidade é um fato que terá que ser reconhecido pela sociedade futura como algo normal e inevitável".

> A indissolubilidade do matrimônio legal é ainda mais absurda se levar em conta que a maioria dos casamentos se realizam às cegas, isto é, as duas partes, o homem e a mulher, só têm uma ideia confusa uma da outra. Não é apenas o fato de que um dos cônjuges desconheça completamente a natureza psicológica do outro, mas algo muito mais grave. Os esposos ignoram, ao contrair o matrimônio legal, que será indissolúvel, se existe entre eles uma afinidade física, harmonia sem a qual não é possível a felicidade.

As noites de provas,[3] praticadas com tanta frequência na Idade Média, afirma Meisel-Hess, não são de modo algum uma absurda indecência. Praticadas em outras condições e tendo como finalidade o interesse da espécie, e consideradas como um meio de assegurar a felicidade individual, poderiam, inclusive, garantir o direito à cidadania.

[3] Espécie de período de teste em que um casal que planejava o matrimônio poderia desfrutar de privacidade para testar se a aptidão física era suficiente para a vida conjunta. Caso a relação não vingasse, os dois estavam autorizados a dissolver o compromisso. (N.E.)

O segundo fator que envenena o matrimônio legal é a ideia de propriedade, de posse absoluta de um dos cônjuges pelo outro. Não pode haver, na realidade, um contrassenso maior. Dois seres, cujas almas só têm raros pontos de contato, têm necessariamente que adaptar-se um ao outro, em todos os diversos aspectos de seu múltiplo eu. O absolutismo da posse encerra, irremediavelmente, a presença contínua desses dois seres, associação que é tão doentia para um como para outro. A ideia da posse não deixa livre o eu, não há momento de solidão para a própria vontade e, se a isto se acrescenta a coação exercida pela dependência econômica, já não fica nem sequer um pequeno recanto próprio. A presença contínua, as exigências inevitáveis que se fazem ao objeto possuído, são a causa de um amor ardente se transformar em indiferença, essa terrível indiferença que leva dentro de si raciocínios insuportáveis e mesquinhos. Com efeito, temos necessariamente que estar de acordo com Meisel-Hess quando diz que uma vida em comum demasiado limitada é a causa principal que faz murchar a delicada flor primaveril do mais puro entusiasmo amoroso. Quantas precauções uma alma deve ter com a outra, que imensas reservas de afetuoso calor são necessárias para que se possa colher, já no outono, os frutos saborosos de uma profunda e indissolúvel adesão entre duas pessoas!

Não é só isso. Os fatores de indissolubilidade e propriedade, fundamentos do matrimônio legal, exercem um efeito nocivo sobre a alma humana. Estes dois fatores exigem poucos esforços psíquicos para conservar o amor de um companheiro de vida, porquanto se está ligado a ele, indissoluvelmente, por correntes exteriores. A forma atual do matrimônio legal não faz, portanto, mais que empobrecer o espírito e não contribui de modo algum para a acumulação, na humanidade, de reservas desse grande amor que foi a profunda nostalgia de toda a vida do gênio russo Tolstoi.

Deforma-se, ainda mais, a psicologia humana com outro aspecto da união sexual: a prostituição. Pode haver algo mais monstruoso do que o fato amoroso degradado até ao ponto de se fazer dele uma profissão?

Deixemos de lado todas as misérias sociais que vêm unidas à prostituição, os sofrimentos físicos, as enfermidades, as deformações e a degenerescência da raça, e detenhamo-nos somente ante a questão da influência que a prostituição exerce sobre a psicologia humana. Não há nada que prejudique tanto as almas como a venda forçada e a compra de carícias de um ser por outro com quem não se tem nada em comum. A prostituição extingue o amor nos corações.

A prostituição deforma os ideais normais dos homens, empobrece e envenena o espírito. Rouba o que é mais valioso nos seres humanos, a capacidade de sentir apaixonadamente o amor, essa paixão que enriquece a personalidade pela entrega dos sentimentos vividos. A prostituição deforma todas as noções que nos levam a considerar o ato sexual como um dos fatores essenciais da vida humana, como o acorde final de múltiplas sensações físicas, levando-nos a estimá-lo, em troca, como um ato vergonhoso, baixo e grosseiramente bestial. A vida psicológica das sensações na compra de carícias tem repercussões que podem produzir consequências muito graves na psicologia masculina. O homem acostumado à prostituição, relação sexual na qual estão ausentes os fatores psíquicos capazes de enobrecer o verdadeiro êxtase erótico, adquire o hábito de se aproximar da mulher com desejos reduzidos, com uma psicologia simplista e desprovida de tonalidades. Acostumado com as carícias submissas e forçadas, nem sequer tenta compreender a múltipla atividade a que se entrega a mulher amada durante o ato sexual. Esse tipo de homem não pode perceber os sentimentos que desperta na alma da mulher. É incapaz de captar seus múltiplos matizes. Muitos dos dramas têm como causa essa psicologia simplista com que o homem se aproxima da mulher, e que foi engendrada pelas casas de lenocínio.[4] A prostituição estende, de modo inevitável, suas asas sombrias tanto sobre a cabeça da mulher livremente amada como sobre a esposa ingênua e amorosa e sobre a amante intuitivamente exigente. A prostituição envenena implacavelmente a felicidade do amor das mulheres que buscam no ato sexual o desfecho de uma paixão correspondida, harmoniosa e onipotente.[5]

A mulher normal busca no ato sexual a plenitude e a harmonia. O homem, ao contrário, formado como está na prostituição, que extermina a múltipla vibração das sensações do amor, entrega-se apenas a um pálido e uniforme desejo físico que deixa em ambas as partes insatisfação e fome psíquica. A incompreensão mútua cresce quanto mais desenvolvida está a individualidade da mulher, quanto maiores são suas exigências psíquicas, o que traz como resultado uma grave crise sexual.

---

[4] Casas de prostituição. (N.O.)

[5] Convém assinalar que as considerações expostas por Meisel-Hess sobre a deformação da psicologia masculina dão a chave de outro problema que até agora havia permanecido negligenciado. O pouco costume que os homens têm de levar em consideração a psicologia feminina – a incapacidade para compreender seus sentimentos – não somente os conduz a não prestar a menor atenção à alma da mulher, como vai ainda muito mais além: conduz os homens a ignorar totalmente, com a mais surpreendente ignorância, as sensações fisiológicas da mulher durante o ato mais íntimo de suas relações. Os médicos sabem que a insatisfação das mulheres no ato sexual provoca, frequentemente, doenças nervosas. É surpreendente que a literatura, impregnada pela psicologia masculina, haja deixado em silêncio este fato que explica toda uma série de dramas familiares e de amor. Quando Maupassant se atreve a abordar a questão no romance *Uma vida*, sua "revelação" provoca uma ingênua surpresa na maioria dos homens. (N.A.)

Portanto, a prostituição é perigosa, pois sua influência se estende muito além de seu próprio domínio. Meisel-Hess diz:

> Deixando de lado a questão da degenerescência fisiológica da humanidade, as enfermidades venéreas, o empobrecimento físico da espécie, levaremos em conta ainda outro fator psicológico que obscurece os impulsos morais, mancha e deforma o sentimento erótico e faz com que o homem e a mulher se compreendam cada vez menos e não saibam gozar sem se enganar mutuamente.

A terceira forma das relações sexuais, a união livre, traz dentro de si, também, muitos aspectos igualmente sombrios. As imperfeições dessa forma sexual são de um caráter reflexo: o homem de nossa época vê a união livre com uma psicologia já deformada por uma moral falsa e doentia, fruto do matrimônio legal, por um lado, e do lúgubre abismo da prostituição, por outro. O amor livre choca-se com dois obstáculos inevitáveis: a incapacidade para sentir o amor verdadeiro, essência do nosso mundo individualista, e a falta de tempo indispensável para entregar-se aos verdadeiros prazeres morais. O homem atual não tem tempo para amar. Nossa sociedade, fundada sobre o princípio da concorrência, sobre a luta cada vez mais dura e implacável pela subsistência, para conquistar um pedaço de pão, um salário ou um ofício, não deixa lugar ao culto do amor. A pobre Aspásia[6] esperará, inutilmente, nos dias de hoje, sobre o leito coberto de rosas, o companheiro de seus prazeres. Aspásia não pode repartir seu leito com um homem grosseiro, de nível moral indigno dela. Mas o homem moralmente nobre não tem tempo para passar as noites ao seu lado.

---

6 Aspásia de Mileto (aproximadamente 470 Antes da Era Comum), filósofa, foi uma das únicas mulheres intelectuais famosas da Grécia antiga. Conhecida por sua contribuição junto ao pensamento filosófico da sua época, assim como por sua relação com Péricles, que foi seu companheiro, e com Sócrates, que foi um dos seus interlocutores. (N.O.)

Meisel-Hess observa, com toda razão, um fato que se dá com extraordinária frequência: o homem do nosso tempo considera o amor-paixão como a maior das desgraças que lhe podem acontecer. O amor-paixão é um obstáculo para a realização dos objetivos essenciais de sua vida: a conquista de uma posição, de um capital, de uma colocação segura, da glória etc. O homem tem medo dos laços de um amor forte e sincero que o separaria, possivelmente, do principal objetivo de sua vida. A livre união, no complicado ambiente que nos rodeia, exige, por sua vez, uma perda de tempo e de forças morais infinitamente maiores do que um matrimônio legal ou do que as carícias compradas.

Os encontros ocupam horas preciosas para os negócios. Ao mesmo tempo, milhares de demônios ameaçam o casal unido unicamente pelos laços do amor. Uma casualidade é suficiente para que se origine um desacordo momentâneo e, imediatamente, se produza a separação. O amor livre, nas condições atuais da sociedade, termina sempre em uma separação ou em um matrimônio legal.

Segundo Meisel-Hess, não nasceu ainda o homem forte e consciente que seja capaz de considerar o amor como parte integrante da totalidade de seus objetivos vitais. Por esta razão, o homem atual, absorvido por sérios trabalhos, prefere abrir a bolsa e manter uma amante ou comprometer-se com uma mulher, dando-lhe seu nome e tomando sob sua responsabilidade a carga de uma família legal. Tudo isso é melhor do que perder um tempo tão valioso e dilapidar suas energias nas horas entregues aos prazeres do amor.

As mulheres, particularmente as que vivem de um trabalho independente (este tipo de mulher constitui 40 ou 50% da população, em todos os países "civilizados"), têm que enfrentar o mesmo dilema que os homens: veem-se obrigadas a escolher entre o amor e a profissão. A situação da mulher que trabalha se complica ainda mais com a maternidade. É suficiente determo-nos um momento na biografia das mulheres que se distinguiram na vida, para convencermo-nos do conflito inevitável entre o amor e a maternidade, por um lado, e a profissão e a vocação, por outro. Talvez o motivo pelo qual as exigências da mulher independente em relação ao homem aumentem cada vez mais seja precisamente o fato de que esse tipo de mulher deposita na balança da felicidade do amor livre, além de sua alma, seu trabalho querido, uma profissão conquistada. Devido a isso, essa mulher exige em troca, como compensação por tudo a que renunciou, o mais rico dom: a alma do homem.

A união livre sofre as consequências da ausência de um fator moral, da falta de consciência e um dever interior. No estado atual das relações sociais, não há motivo para se acreditar que essa forma de união sexual seja bastante forte para ajudar a humanidade a sair da encruzilhada em que se encontra a crise sexual, solução que esperam, entretanto, os partidários do amor livre. A solução para esse complicado problema só é possível mediante uma reeducação fundamental de nossa psicologia, reeducação essa que, por sua vez, só é possível por uma transformação de todas as bases sociais que condicionam o conteúdo moral da humanidade. As medidas e reformas pertencentes ao domínio da política social, que Meisel-Hess indica como um remédio, não contêm, no fundamental, nada essencialmente novo. Correspondem completamente às reivindicações do programa socialista: independência econômica da mulher, verdadeira proteção e segurança à maternidade e à infância, luta contra a prostituição em sua base econômica, supressão da noção de filhos legítimos e ilegítimos, substituição do matrimônio religioso pelo matrimônio civil, facilmente anulável, reconstrução fundamental da sociedade segundo os princípios comunistas. O mérito de Meisel-Hess não fica, pois, nas reivindicações político-sociais, que a autora julga necessárias e que são análogas às dos programas socialistas. O que é verdadeiramente essencial em sua detalhada investigação em busca da verdade sexual é que ela entrou, inconscientemente, sem ser socialista militante, no único caminho de solução possível do problema sexual. Mas todas as reformas sociais, condições indispensáveis para as novas relações entre os sexos, serão insuficientes para resolver a crise sexual se, ao mesmo tempo, não se forma uma força criadora poderosa, capaz de aumentar o potencial de amor da humanidade.

A perspicácia intelectual de Meisel-Hess é o que leva essa escritora à mesma conclusão, de modo completamente intuitivo. Meisel-Hess compreendeu que toda a atenção da sociedade no que se refere à educação e à formação do espírito, no domínio das relações sexuais, deve se modificar. A união dos sexos, como a entende Meisel-Hess, isto é, a união fundamentada em uma profunda identificação, na harmoniosa consonância de corpos e de almas, será por muito tempo o ideal da humanidade futura. Porque não se deve esquecer que o matrimônio baseado no verdadeiro amor é algo que se dá raramente; o amor verdadeiro só ocorre a poucos.

Milhões de seres não conheceram na vida seus encantos. Qual será, pois, o destino destes deserdados? Estarão para sempre condenados ao matrimônio de conveniência? Não terão outro recurso, além da prostituição? Terão que se propor eternamente o dilema, colocado à atual sociedade, de enfrentar o raro amor verdadeiro ou de padecer de fome sexual?

Meisel-Hess prossegue na sua investigação e descobre uma nova solução. Onde não existe o amor verdadeiro, este é substituído pelo amor jogo Para que o amor verdadeiro chegue a ser patrimônio de toda a humanidade é preciso passar pela difícil, porém enobrecedora, escola do amor. O amor jogo é também uma escola, é um meio de acumulação do potencial do amor na psicologia humana. Que será este amor jogo, no qual Meisel-Hess baseia tantas esperanças?

O amor jogo, em suas diversas formas, encontra-se em todas as épocas da história da humanidade. Nas relações entre a antiga hetaira e seu amigo, no amor galante da época da Renascença entre a cortesã e seu amante protetor, na amizade erótica da modista, livre como um pássaro, e seu companheiro estudante. Em todas essas relações podemos encontrar facilmente os elementos principais desse sentimento. Não é o Eros que a tudo devora, que exige a plenitude e a posse absoluta, mas tampouco é a brutal sexualidade reduzida meramente ao ato fisiológico. O amor jogo que nos descreve Meisel-Hess não pode ser tampouco o amor nascido de uma psicologia simplista.

O *amor jogo* é exigente. Seres que se aproximam unicamente por causa de uma simpatia mútua, que só esperam um do outro a amabilidade e o sorriso da vida, não podem permitir que se torture impunemente sua alma, não podem consentir que se esqueça sua personalidade nem que se ignore seu mundo interior. O amor jogo, que exige dos dois seres unidos maior atenção mútua, mais delicadezas em todas as suas relações, pode acabar no homem, pouco a pouco, com o egoísmo profundo, que marca hoje em dia, indelevelmente, todos os seus sentimentos amorosos. Uma atitude solícita em relação à alma do outro, além de servir de estímulo aos sentimentos de simpatia, desenvolve a intuição, a sensibilidade e a delicadeza.

Em terceiro lugar, o amor jogo, por não ter como ponto de partida o princípio da posse absoluta, acostuma os homens a entregar à pessoa amada a parte mais agradável de seu eu, a parte que faz a vida mais agradável e harmoniosa. Admite Meisel-Hess que esse amor jogo iniciaria os homens numa virtude superior. Os ensinaria a não se entregar inteiramente, a não ser quando encontrassem um sentimento constante e profundo. A tendência atual leva-nos a atentar contra a personalidade do outro, desde o primeiro beijo. Estamos dispostos a entregar totalmente nosso coração, embora o outro ainda não sinta nenhuma atração. É necessário não esquecer nunca que unicamente o sagrado amor verdadeiro pode ter suficiente força para conceder direitos.

Há ainda outras vantagens no *amor jogo*, ou amizade erótica. Essa relação sexual ensina os homens a resistir à paixão que degrada e oprime o indivíduo. Meisel-Hess afirma: "este ato espantoso, que podemos classificar de penetração pela violência no eu do outro, não pode dar-se no amor jogo". O amor jogo exclui o pecado maior do amor: "a perda da personalidade na corrente da paixão". A humanidade contemporânea vive sob o sombrio signo da paixão, sempre ávida a devorar o eu do outro. No romance de Lasswitz, uma habitante de Marte replica à proposição de um habitante da Terra:

> Nesse ligeiro jogo dos sentimentos, teria que descer e dobrar-me à escravidão da paixão, perder minha liberdade, descer contigo à Terra... Vossa terra é maior, talvez, mais bela que nosso planeta, mas eu certamente morreria em sua densa atmosfera. Pesados como vosso ar são vossos corações. E eu não sou mais que Numa[7]...

A época atual caracteriza-se pela ausência da arte de amar. Os homens desconhecem em absoluto a arte de saber

[7] Referência ao romance *Auf Zwei Planeten* [*Em dois planetas*], de Kurd Lasswitz. Numa, no caso, parece uma alusão a um dos reis da monarquia romana, Numa Pompílio. (N.O.)

conservar relações amorosas, claras, luminosas, leves. Não sabem todo o valor que encerra a amizade amorosa. O amor, para os homens de nossa época, é uma tragédia que destroça a alma, ou um *vaudeville*.[8] É preciso tirar a humanidade desse atoleiro: ensinar os homens a viver horas cheias de beleza, claras, sem grandes cuidados. A psicologia do homem não estará aberta para receber o verdadeiro amor, purificado de todos os seus aspectos sombrios, até que passe pela escola da amizade amorosa. Cada novo amor (não nos referimos, naturalmente, ao ato brutal, meramente fisiológico), em vez de empobrecer a alma humana, contribui para enriquecê-la. "Um coração humano são e rico" – diz Meisel-Hess – "não é um pedaço de pão que diminui à medida que nós o comemos". O amor é uma força que quanto mais se consome, mais cresce. "Amar sempre, amar profundamente, em todos os momentos da nossa vida, amar sempre e cada vez com maior abnegação, é o destino ardente de todo grande coração." O amor em si é uma grande força criadora. Engrandece e enriquece a alma daquele que o sente, tanto como a alma de quem o inspira.

Se a humanidade não tivesse o amor, se sentiria roubada, deserdada e desgraçada. O amor será seguramente o culto da humanidade futura. Hoje em dia, o homem necessita, para poder lutar, viver, trabalhar e criar, sentir-se afirmado, reconhecido. O que se sente amado sabe que há alguém que reconhece sua personalidade, em todo seu valor, e, precisamente pela consciência de sentir-se afirmado, nasce a suprema alegria de viver. Mas esse reconhecimento do eu, essa vitória

[8] Gênero teatral cômico. *Vaudeville* (no português, *vaudevile*) é um gênero teatral de comédia que teve origem na França no final do século XIX, e se tornou bastante popular nos Estados Unidos e no Canadá entre os anos 1880 e 1930, onde passou a ser composto por vários números de dança, música, acrobacias, animais adestrados etc. (N.O.)

sobre o fantasma ameaçador da solidão moral, não se pode alcançar, de modo algum, com a satisfação brutal do desejo fisiológico. "Só o sentimento de uma total harmonia com o ser amado pode extinguir essa sede". Só o verdadeiro amor pode nos dar a plena satisfação. Portanto, a crise sexual é muito mais aguda quando as reservas do potencial do amor são menores, quando os laços sociais são mais limitados, quando a psicologia humana é mais pobre em sentimentos de solidariedade.

Desenvolver esse imprescindível potencial do amor, educar, preparar a psicologia humana para que esteja em condições de receber o verdadeiro amor, essa é precisamente a finalidade que deve cumprir o amor jogo, ou a amizade erótica.

Podemos dizer que o amor jogo não é mais que um substituto do verdadeiro amor. "Isso não é suficiente", dirão ainda alguns. Nesse caso, responde Meisel-Hess, que se atrevam a olhar em torno de si e se deem conta com o que substituem na sociedade moderna o verdadeiro amor! A prostituição disfarçada de verdadeiro amor! Que grande hipocrisia, que terríveis reservas de mentiras sexuais se acumulam nesse aspecto! Vejamos um exemplo da vida tomado ao acaso. Dois noivos se sentem possuídos pelo mesmo desejo. A severa moral contemporânea proíbe sua satisfação e lhes impõe um decisivo "ainda não". Portanto, o noivo vai à casa da prostituta, que não deseja suas carícias, mas que tem que se entregar a ele, enquanto a noiva se consome na espera da autorização legal. Seria muito mais natural, e desde logo muito mais moral, que estes dois seres, motivados por um mesmo desejo, encontrassem a mútua satisfação de sua carne em si próprios, sem buscar a cumplicidade de uma terceira pessoa, completamente alheia à situação que eles mesmos criaram.

Além dos aspectos fundamentais de caráter econômico-social, a prostituição implica um fator psicológico determinante que está profundamente gravado no espírito humano: a satisfação de uma necessidade erótica sem outra preocupação ulterior, a liberdade de sua alma e de seu futuro, sem a necessidade de se colocar aos pés de um ser interiormente alheio a seu eu. É necessário dar liberdade a esse instinto natural. Não se pode enforcar um enamorado com a corda do matrimônio. O amor jogo indica o caminho a seguir. "Se queremos ser sinceros, se não admitimos a hipocrisia da moral e a mentira sexual, não há motivo para negar a possibilidade de uma solução semelhante para a humanidade colocada em grau superior da evolução social" – diz Meisel-Hess.

Diante de uma série de reformas sociais, que Meisel-Hess assinala como uma condição indispensável de todas as suas deduções morais, que delito pode haver no fato do êxtase erótico – lançar um ser nos braços do outro?

Finalmente, os limites da amizade erótica são muito amplos e podem estender-se ainda mais. Ocorre com muita frequência que dois seres que se aproximaram atraídos por uma livre simpatia cheguem a conhecer-se mutuamente, ou seja, que do amor jogo nasça o amor verdadeiro. Para que isso aconteça, basta criar possibilidades objetivas. Quais são, pois, as deduções e reivindicações práticas a que chega Meisel-Hess?

Em primeiro lugar, a sociedade terá que se acostumar a reconhecer todas as formas de união entre os sexos, mesmo que estas se apresentem diante dela com contornos novos e desconhecidos. Mas sempre que correspondam a duas condições: que não ofereçam perigo para a espécie e que seu fator determinante não seja o jugo econômico. O ideal continuará sendo a união monogâmica baseada em um amor verdadeiro, porém sem as características de invariabilidade e indissolubilidade. A mudança será tanto mais evitável quanto mais diversa for a psicologia do homem. O concubinato ou a monogamia sucessiva será a forma fundamental do matrimônio. Porém, ao lado dessa relação sexual, existe toda uma série de aspectos diversos de uniões amorosas, sempre dentro dos limites da amizade erótica.

A segunda exigência é o reconhecimento real – não somente de palavras, mas de fato – da defesa da maternidade. A sociedade tem a obrigação de estabelecer em todo o caminho da vida da mulher, de todas as formas possíveis, postos de socorro que sustentem a mulher, moral e materialmente, durante o período de maior responsabilidade em sua vida.

Por último, a fim de que as relações mais livres não pareçam o desenfreio total, torna-se necessário rever todo o instrumental moral com que se equipa a mulher solteira quando entra no caminho da vida.

A educação contemporânea somente tende a limitar, na mulher, os sentimentos de amor. Essa educação é a causa dos corações destroçados, das mulheres desesperadas, que se afogam na primeira tempestade. É preciso que se abram para a mulher as múltiplas portas da vida. É preciso endurecer seu coração e forjar sua vontade. Já é hora de ensinar à mulher a não considerar o amor como a única base de sua vida e sim como uma etapa, como um meio de revelar seu verdadeiro eu. É necessário que a mulher aprenda a sair dos conflitos do amor, não com as asas quebradas e sim como saem os homens, com a alma fortalecida. É necessário que a mulher aceite o lema de Goethe: "Saber desprezar o passado no momento em que se quer e receber a vida como se acabasse de nascer". Afortunadamente, já se distinguem os novos tipos femininos, as mulheres celibatárias para as quais os tesouros que a vida pode oferecer não se limitam ao amor.

No domínio dos sentimentos do amor, esse novo tipo de mulher não permite que as correntes da vida sejam as que dirijam seu barco: o leme está nas mãos do timoneiro experimentado, sua vontade enrijeceu na luta pela subsistência. A velha exclamação: "É uma mulher com passado!" é agora glosada pela celibatária da seguinte forma: "Esta mulher não tem passado. Que triste destino o seu!". É certo que, na realidade, o novo tipo de mulher ainda não existe em grande número. É igualmente certo que a nova era sexual, fruto de uma organização mais perfeita da sociedade, não começará imediatamente. A deprimente crise sexual não poderá resolver-se de uma só vez, não poderá deixar o caminho livre à moral do futuro, sem luta. Mas é igualmente certo que o caminho já foi encontrado e que, ao longe brilha, de par em par, a porta desejada.

O livro de Meisel-Hess nos facilita o fio de Ariadne[9] no labirinto complexo das relações sexuais, nos dramas psicológicos. Não falta mais nada além de utilizar o precioso conjunto de pensamentos que nos oferece e extrair as consequências em harmonia com as tarefas essenciais da classe que se eleva ao primeiro posto na sociedade. Nossa tarefa será, portanto, após deixar de lado pequenos detalhes sem importância, depois de sanar inexatidões insignificantes, buscar também nesse problema, no domínio das relações entre os sexos, na psicologia do amor, os princípios da nova cultura em marcha, cujo triunfo se aproxima, inevitavelmente – isto é, os princípios da cultura proletária.

---

[9] Na mitologia grega, Ariadne, companheira de Teseu, oferece a seu companheiro um fio para ele não se perder em um labirinto. Expressão usada como guia para encontrar um bom caminho. (N.O.)

O DIA DA MULHER (1913)[1]

O que é o "Dia da Mulher"? Ele é necessário? Não seria uma concessão às mulheres da classe burguesa, às feministas, às sufragistas? Isso não prejudica a unidade do movimento trabalhador?

Essas questões ainda são ouvidas na Rússia, mas não mais no exterior. A própria vida deu a elas uma resposta clara e eloquente.

O "Dia da Mulher" é um elo da longa e sólida corrente do movimento de mulheres trabalhadoras. Ele está crescendo, o exército organizado das trabalhadoras aumenta a cada ano. Há 20 anos, as trabalhadoras se uniam em pequenos grupos nos sindicatos e eram apenas manchas claras e solitárias nas fileiras dos partidos dos trabalhadores... Agora, na Inglaterra, há mais de 292 mil trabalhadoras nos sindicatos; na Alemanha, há aproximadamente 200 mil no movimento sindical e 150 mil no Partido Trabalhista; na Áustria, 47 mil nos sindicatos e quase 20 mil no partido. Na Itália, Hungria, Dinamarca, Suécia, Noruega e Suíça, as mulheres da classe trabalhadora estão se organizando por toda parte. O exército de mulheres

[1] Traduzido do russo por Cecília Rosas. Fonte: "женский день", em *правда*, São Petersburgo, n. 40, 17 fev. 1913. Texto publicado originalmente em português em Schneider, Graziela (org.) *A revolução das mulheres: emancipação feminina na Rússia soviética*. São Paulo: Boitempo, 2017.

socialistas chega a quase 1 milhão. Isso é que é força! E os poderes do mundo devem contar com elas quando se trata do aumento do custo de vida, da segurança da maternidade, do trabalho infantil, das leis que protegem a mão de obra feminina.

Houve uma época em que os trabalhadores acreditavam que tinham de carregar sozinhos em seus ombros o peso da luta contra o capital, que tinham de vencer o "velho mundo" eles mesmos, sem a participação feminina. Mas à medida que a mulher da classe trabalhadora se juntava às fileiras dos vendedores da força de trabalho, pressionada pela necessidade, pelo desemprego do marido ou do pai, aprofundava-se a consciência trabalhadora de que deixar a mulher para trás, nas fileiras dos "inconscientes", significa prejudicar sua causa, estagná-la. Quanto mais consciente for o lutador, mas certa será a vitória. E qual é a consciência da mulher que fica no fogão, que não tem direitos na sociedade, no governo, na família? Ela não tem seu próprio "pensamento"! Faz tudo como manda o pai ou marido...

Não, o atraso e a falta de direitos da mulher são desfavoráveis, o embrutecimento e a indiferença em relação a ela são diretamente prejudiciais à classe trabalhadora. Mas como atrair a trabalhadora para o movimento, como despertá-la?

A socialdemocracia estrangeira não encontrou o caminho correto de forma imediata. As portas das organizações trabalhistas estavam amplamente abertas para as trabalhadoras, mas elas raramente entravam. Por quê?

Porque a classe trabalhadora não entendeu de imediato que a mulher trabalhadora é o membro mais destituído de direitos, o mais desafortunado da classe. Que por séculos ela foi intimidada, acuada, perseguida; que para despertar seu pensamento, para que seu coração bata mais alto e mais alegre, é preciso encontrar palavras particulares, compreensíveis para ela enquanto mulher. Os trabalhadores não perceberam imediatamente que, nesse mundo de exploração e de falta de direitos, a mulher é oprimida não só como vendedora da força de trabalho, mas também como mãe e mulher... Mas quando o partido socialista trabalhador entendeu isso, entrou com ousadia em sua dupla defesa: das mulheres como trabalhadoras contratadas e das mulheres como mães.

Em todos os países, os socialistas começaram a exigir a proteção do trabalho feminino, a garantia e a segurança da maternidade e da infância, direitos políticos para as mulheres, a defesa dos interesses delas.

E quanto mais nitidamente o partido trabalhista entendia essa segunda tarefa em relação às trabalhadoras, com mais vontade as mulheres ingressavam nas fileiras do partido, mais claro ficava para elas que ele é seu defensor verdadeiro, que a classe trabalhadora também luta por elas, pelas dolorosas necessidades puramente femininas. As próprias trabalhadoras, organizadas e conscientes, dedicaram-se muito à elucidação dessa tarefa. Agora, o trabalho principal para a chamada de novas integrantes trabalhadoras para o movimento socialista repousa sobre as mulheres. Os partidos de todos os países têm seus comitês, secretarias, *bureaus*[2] especiais para elas. Tais comitês femininos, de um lado, conduzem as ações entre a massa de mulheres pouco engajadas da classe trabalhadora, despertam a consciência das trabalhadoras, trazem-nas para a organização. De outro lado, examinam as questões e exigências que dizem respeito às mulheres em primeiro lugar: segurança e garantia de direitos da parturiente, regulação legislativa do trabalho da mulher, luta contra a prostituição

[2] Escritórios. (N.O.)

e a mortalidade infantil, exigência de direitos políticos para as mulheres, melhoria das condições de habitação, luta contra o aumento do custo de vida etc.

Dessa forma, como membros do Partido, as trabalhadoras lutam por questões comuns às classes, mas também traçam e apresentam reivindicações e exigências que, antes de tudo, lhes dizem respeito enquanto mulheres, donas de casa e mães. E o Partido apoia essas demandas e luta por elas... Pois as reivindicações das trabalhadoras são causas de todos os trabalhadores!

No dia da mulher, as trabalhadoras organizadas protestam contra sua falta de direitos.

Mas, dirão alguns, por que há essa separação das trabalhadoras? Por que há um "Dia da Mulher", panfletos especiais para as trabalhadoras, reuniões, assembleias de mulheres da classe trabalhadora? Não é uma concessão às feministas e sufragistas?

Só pode pensar assim quem desconhece a diferença radical entre o movimento das socialistas e o das sufragistas burguesas.

A que aspiram as feministas? Aos mesmos privilégios, ao mesmo poder, ao mesmo direito que agora possuem seus maridos, pais e irmãos na sociedade capitalista.

A que aspiram as trabalhadoras? À destruição de todos os privilégios de nascimento ou de riqueza. Para as trabalhadoras, tanto faz quem tem o poder de ser "patrão": se é homem, se é mulher. Ao lado de toda sua classe, elas podem tornar mais leve sua situação de trabalhadoras.

As feministas exigem igualdade de direitos sempre e em todos os lugares. As trabalhadoras respondem: exigimos direitos para todos os cidadãos e cidadãs, mas não permitimos esquecer que não somos apenas trabalhadoras e cidadãs, somos mães! E como mães, como mulheres – portadoras do futuro –, reivindicamos um cuidado particular conosco e com nossos filhos, uma defesa específica do governo e da sociedade.

As feministas lutam por direitos políticos. Mas aqui também os caminhos se separam.

Para as mulheres burguesas, os direitos políticos são apenas uma forma possivelmente mais cômoda e sólida de encontrar um lugar em um mundo construído sobre a exploração dos trabalhadores. Para as mulheres trabalhadoras, é um degrau da escada difícil e pedregosa que leva ao desejado reino do trabalho.

O caminho das trabalhadoras e o das sufragistas burguesas já se separaram há muito tempo. Os objetivos que a vida propõe são muito diferentes para umas e outras; os interesses das trabalhadoras e os das patroas, os das empregadas e os das "senhoras" são muito contraditórios... Não há nem pode haver ponto de contato, conciliação, união... Por isso, nem um Dia da Mulher, nem assembleias especiais de trabalhadoras, nem um jornal exclusivo para elas devem assustar os trabalhadores.

O trabalho destinado às mulheres da classe trabalhadora é apenas uma forma de despertá-las, de incorporá-las às fileiras de quem luta por um futuro melhor... O Dia da Mulher e todo o esforço meticuloso e lento para promover a autoconsciência de classe nas trabalhadoras não provocam uma cisão, mas uma união da classe operária.

Deixem que, com o sentimento de alegria de servir a uma questão comum às classes e de lutar com elas por sua libertação feminina, as trabalhadoras participem do Dia da Mulher.

II. CAPITALISMO E MATERNIDADE PROLETÁRIA

Annabelle Bonnet

A narrativa feminista hegemonicamente constituída no mundo ocidental, com sua descrição da história da emancipação das mulheres em "ondas", costuma apresentar a assim chamada "segunda onda" do feminismo como o grande momento de distanciação com qualquer tipo de essencialismo em relação à condição de vida das mulheres. A partir da virada dos anos 1970, o pensamento feminista, entendido com base nessa perspectiva como um todo homogêneo, teria de fato finalmente conseguido se distanciar de qualquer tipo de biologismo, e, com ele, de todos os papéis sociais que eram atribuídos *a priori* às mulheres pelo simples fato de serem mulheres. Esses movimentos teriam se libertado de qualquer pensamento conservador, inclusive no campo feminista, ao destacar como nunca na sua história o fato de que "não se nasce mulher: torna-se mulher" (Beauvoir, 1967 [1949], p. 9). É nesse sentido específico que a palavra "radical" costuma ser usada para qualificar esse período, apresentado como ruptura epistemológica e política com as leituras anteriores propostas pelos movimentos sociais. Mais ainda, a ruptura de certos movimentos feministas com as organizações de natureza socialista da época e sua concepção marxiana do mundo costuma, por sua vez, ser apresentada como o ponto de partida que permitiu fazer emergir esse pensamento feminista autônomo

(Bonnet, 2016). Não é por acaso que a leitura dominante no campo feminista das relações entre marxismo e feminismo em termos de "divórcio" se afirmou nesse momento, e se tornou desde então o filtro privilegiado de interpretação das relações entre "feminismo" e "marxismo".

Essa interpretação foi acompanhada de uma releitura do passado que passou a privilegiar uma representação do movimento socialista internacional como um campo de luta que teria principalmente e de forma uniforme contribuído para reforçar os estereótipos de gênero. Criou-se, então, um discurso unilateral, segundo o qual o movimento socialista teria naturalizado a posição das mulheres na sociedade capitalista e também no mundo socialista. O maior exemplo seria sua postura ao tratar particularmente da questão da maternidade. Uma crítica comum, por exemplo, se deu em relação à defesa de leis específicas para impedir o trabalho noturno das mulheres operárias ainda no fim do século XIX, sobre o qual existem hoje em dia leituras dominantes de que se tratava de uma naturalização ao associar à condição de mulheres aquela de mãe. Tal distinção vem sendo interpretada como um mero sinal de preconceito em torno de uma suposta fraqueza das mulheres, enquanto era, antes de tudo, na época, considerado como uma medida urgente e imediata diante das milhares de mortes de crianças, mulheres ou ainda mulheres grávidas, provocadas pela especificidade do trabalho noturno, que reduz drasticamente a expectativa de vida. Outro ponto de dura crítica foi o fato de organizar o movimento de mulheres trabalhadoras em torno de certas pautas, dentre as quais aquelas ligadas à maternidade. As organizações femininas dos partidos comunistas teriam, pela criação desses movimentos, procurado limitar as mulheres à sua condição maternal, e com isso procurado reduzir o espectro de suas possíveis múltiplas experiências de vida. O retrocesso do período stalinista é particularmente citado como uma amostra do que seria a proposta do socialismo para as mulheres, enquanto as contradições, a pluralidade dos regimes socialistas e de suas experiências costumam ser deixadas de lado. Se operou, na mesma ocasião, uma inflexão em relação ao tema da maternidade, que passou a ser considerado, do ponto de vista dessa narrativa, principalmente como um assunto próprio do conservadorismo político. De fato, o tema é cotidianamente usado e apropriado ideologicamente para sustentar programas políticos defendendo o retrocesso geral dos direitos das mulheres, assim como o tema da família foi e continua sendo alvo de inúmeras recuperações conservadoras. Nessa perspectiva, a "família" vem sendo enxergada como uma instituição social inatingível, na qual a dominação masculina se afirma *naturalmente* e a maternidade é concebida como um *destino*. A assim chamada "segunda onda" constituiu, por sua vez, um momento histórico importante de afirmação da diferenciação entre mulher e maternidade e da desconstrução dessa associação. O debate relativo ao direito de não ser mãe, ou de o ser quando desejado, é hoje em dia parte integrante de uma leitura dos direitos reprodutivos e emancipatórios das mulheres.

No entanto, ao privilegiar esse ponto de vista sobre as relações entre "feminismo" e movimentos socialistas, tal narrativa contribuiu também para a invisibilização de mais de 150 anos de tradição de luta no campo do feminismo socialista, bem como do legado de suas atrizes, dentre as quais Alexandra Kollontai. Particularmente, os textos a seguir lembram que existiu e existe uma disputa política em torno do significado do que é e deve ser a "maternidade" e a "família", que a tradição socialista questionou longamente desde o século

XIX, tendo cumprido um papel de destaque na formulação e nos avanços dessas lutas. Os textos de Kollontai, abordados enquanto "intelectual representatante de uma época" (Neves, 2017, p. 31), disputam politicamente esses significados conservadores, e recordam que a tradição feminista socialista buscou, ao longo de sua história, incorporar a maternidade a uma concepção revolucionária do mundo, problematizando os mecanismos da reprodução social, a responsabilização das trabalhadoras pelo cuidado dos filhos, o trabalho produtivo na sua relação com o trabalho doméstico e a construçao de subjetividades partilhadas. Graças a essa dimensão, eles contribuíram também para a reflexão sobre a formação social dos países periféricos e os modos particulares pelos quais se vivenciam as relações de gênero, bem como as maternidades (Saffioti, 2013).

Em primeiro lugar, cabe destacar que a preocupação de Kollontai com a maternidade se deve, enquanto intelectual marxista, não a uma escolha ideológica, mas a uma análise concreta da realidade: os filhos dos trabalhadores, segundo relata a autora, "morrem como moscas". Nos anos 1910, momento em que passou a escrever com mais atenção sobre a questão, cerca da metade dos filhos de operários e operárias russos morriam ao nascer, o que não era o caso nas famílias burguesas, onde esses óbitos representavam menos de 10%. A autora contou em seu texto autobiográfico *Autobiografia de uma mulher comunista sexualmente emancipada* (1926) que seu questionamento sobre a maternidade surgiu ao entrar pela primeira vez numa fábrica e se deparar com a morte de vários filhos de operárias, mortos de fome no mesmo dia e cujos corpos se encontravam no próprio lugar de trabalho dessas mães, que não podiam parar de trabalhar para tentar socorrê-los. Dessa forma, a questão da maternidade não remete a uma escolha ideológica por parte da revolucionária, que também viveu pessoalmente uma maternidade complexa, mas sim uma questão "urgente e imediata". É por isso que seus textos sobre o assunto afirmam que não existe maternidade *a priori* nem categoria de mulher dada *abstratamente*. Em uma sociedade capitalista, dividida em classes sociais, onde a maioria das mulheres vendem sua força do trabalho, única propriedade que possuem, e uma pequena quantidade se enriquece por meio do acúmulo do mais-valor produzido pelos trabalhadores, a maternidade também pertence à dinâmica da luta de classes: é impossível pensar essas categorias como um todo meramente biológico e uniforme. As diversas protagonistas apresentadas no seu texto *Mulher trabalhadora e mãe* (1916) sob o nome de "Mashenka" evidenciam esse fenômeno: não existe maternidade em si, mas sim maternidades concretas, dentre as quais a experiência de "mãe proletária", a mais numerosa e cheia de desafios impostos pela situação concreta da classe trabalhadora. Alexandra Kollontai insiste nos diversos sofrimentos e sacrifícios vivenciados por essas trabalhadoras, cuja realidade está longe de poder se adequar à ideologia da maternidade difundida pelos valores burgueses, nem de responder ao ideal do "feminino" que o acompanha. Mais ainda, nos lembra que o privilégio de algumas mulheres de se consagrar plenamente a sua maternidade – material, afetiva e temporalmente – e ter acesso aos melhores cuidados é baseado também na exploração direta e indireta da massa das trabalhadoras, sublinhando assim a necessidade de levar em consideração as desigualdades existentes entre as próprias mulheres.

Em segundo lugar, seus textos, particularmente o prefácio *Sociedade e Maternidade* publicado em 1916 (mas escrito em 1913), têm de se entendidos na medida em que eles se inscrevem diretamente na luta iniciada por Karl Marx contra uma teoria malthusiana da reprodução, considerada "a mais brutal declaração de guerra que a burguesia lançou contra o proletariado" (Marx; Engels, 1978 [1875], p. 68 [tradução nossa]). Na perspectiva dessa corrente, cuja ideologia não desapareceu de nossas sociedades capitalistas, entende-se que a população cresce em medida maior do que os meios de subsistência, o que explicaria a miséria. A solução para erradicar a pobreza se encontraria, portanto, na limitação da reprodução biológica das classes trabalhadoras – seja por meio da não intervenção do Estado e da oposição a políticas públicas de proteção que desencorajariam os trabalhadores de ter filhos, seja por meios como a esterilização forçada das populações trabalhadoras, técnica particularmente praticada nos processos coloniais (Verges, 2017). A ideologia malthusiana, ao apagar a contradição entre a abundância de produção de riqueza por um lado, e fome massiva, por outro, desloca o debate do mais-valor, participa diretamente da criminalização da pobreza e entra em choque com o discurso burguês de defesa da maternidade ideal, que, na prática, é apenas um privilégio. "Vocês são pobres, têm o direito de existir, mas somente de existir. O direito de se reproduzir vocês não têm, nem o de existir humanamente", resume Marx sobre tal concepção (Marx; Engels, 1978 [1875], p. 71 [tradução nossa]). Esse pano de fundo foi retomado pelos neomalthusianos da época de Kollontai, que Lenin também vinha enfrentando (Lenin, 1913), enquanto a queda drástica de natalidade na população operária russa continuava devido à miséria. Esses elementos permitem entender com mais complexidade por que o tema da maternidade é tão central no pensamento de Kollontai: trata-se de se opor a essa influente ideologia, inclusive em certos setores das classes trabalhadoras, e de exigir que a maternidade seja um direito *potencial* para *todas* as mulheres, garantido pelo conjunto da coletividade. Não é por acaso que, na sua obra, o debate sobre a maternidade anda de mãos dadas com a luta pelo direito ao aborto, a Rússia tendo sido o primeiro país a tê-lo tornado legal, em 1920. A preocupação é comum e coerente: lutar para que todas as mulheres possam decidir seu caminho e usufruir dos seus direitos reprodutivos. A revolucionária aponta, ainda, para a necessidade de lutar por políticas públicas relativas à maternidade, que constituem o que ela chama de "primeiro passo" para criar novos laços, ao mesmo tempo que deixa em evidência os limites de aplicação dessas reformas sem ruptura social e sem refundação da relação capital/trabalho.

Para terminar, os textos de Kollontai sobre a maternidade são um convite para repensar as relações do modelo familiar mononuclear burguês, e questionar, na continuidade de *A origem da família, da propriedade privada e do Estado* de Engels, o que parece fixo e a-histórico nessa sociabilidade específica. Mais ainda, eles nos encorajam a considerar essa instituição nas suas contradições, que constitui ao mesmo tempo um lugar central de formação, afetividade e refúgio do indivíduo moderno, bem como um espaço privilegiado de violência, opressão e reprodução de desigualdades. Como explicar que o modelo familiar mononuclear burguês, tendo no seu centro de reprodução do cuidado as mulheres, se expandiu? Por que ele seria o único e o mais válido? Em que medida a forma da família mononuclear burguesa pode ser superada com uma revolução proletária? É possível conceber uma outra psique familiar na qual os seres humanos poderiam se emancipar e serem plenamente livres e iguais? Kollontai contribui com o desvelamento da ideologia em torno dessa forma familiar e questiona nosso horizonte ao pensar na possibilidade de outras relações afetivas, nas quais o amor poderia se expressar plenamente, livre de todo tipo de alienação.

> O princípio de impor o peso econômico da educação das crianças sobre as famílias responsáveis por trazê-las fisicamente ao mundo [...] é tão insensato, uma ideia tão louca [...] que nossos descendentes serão totalmente incapazes de entender a perspectiva de uma época para a qual este princípio parecia normal e evidente.

Após um século de transformações complexas da instituição familiar e de debates a seu respeito, sua reflexão sobre a família a partir da interação entre subjetividade, afetos e vida material continua pertinente.

Referências

BEAUVOIR, Simone de. *O segundo sexo. v.2. A experiência vivida*. São Paulo: Difusão européia do Livro: 1967 (segunda edição).

BONNET, Annabelle. "Feminismo, política, transformação social. História das mulheres e luta sindical na França dos anos 1960-1970". *Crítica e sociedade: revista de cultura política*, v. 5, p. 1-27, 2016.

LENIN. A classe operária e o neomalthusianismo. 29 de junho de 1913. Pravda, n. 137.

MARX, Karl e ENGELS, Friedrich. "Le malthusianisme: une déclaration de guerre ouverte au prolétariat" [1875]. *In: Karl Marx et Friedrich Engels. Critique de Malthus.* Introdução, tradução e notas de Roger Dangeville. Paris: Maspero, 1978.

NEVES, Victor. Democracia e revolução. Um estudo do pensamento político de Carlos Nelson Coutinho. Tese de doutorado, Serviço Social, Rio de Janeiro, 2016.

SAFFIOTI, Heleieth. *Mulher brasileira: opressão e exploração.* Rio de Janeiro: Editora Achiamé, 1984.

VERGES, Françoise. *Le ventre des femmes.* Paris: Albin Michel, 2017.

MULHER TRABALHADORA E MÃE (1916)[1]

Mashenka, esposa do diretor da fábrica

Mashenka é esposa do diretor da fábrica. Mashenka está esperando um bebê. Apesar de todos na casa do diretor da fábrica estarem um pouco ansiosos, o clima é de festa. Isso não é uma surpresa, pois Mashenka vai presentear seu marido com um herdeiro. Haverá alguém a quem ele pode deixar toda sua riqueza – a riqueza criada pelas mãos de homens e mulheres trabalhadores. O médico pediu para que cuidassem atenciosamente de Mashenka. Não deixá-la cansada; não deixá-la levantar nada pesado. Deixá-la comer o que quiser. Frutas? Dê algumas frutas a ela. Caviar? Dê caviar a ela.

O importante é que Mashenka não se sinta preocupada ou estressada de forma alguma. Dessa forma o bebê nascerá forte e saudável, o parto será fácil e Mashenka manterá seu vigor. É assim que funciona na família do diretor da fábrica. Essa é a maneira aceita de lidar com uma mãe gestante, em famílias em que as bolsas são repletas de ouro e de notas de crédito. Eles cuidam bem da senhora Mashenka. Não se canse, Mashenka, tente não se mexer na poltrona. É o que dizem à senhora Ma-

[1] Traduzido do inglês por Talita Guglak. Fonte: *Selected Writings of Alexandra Kollontai*. London: Allison & Busby, 1977. Versão revisada pela Expressão Popular do texto disponibilizado no portal Marxist.org, sob licença CCBY-SA 4.0.

shenka. Os trapaceiros e hipócritas da burguesia afirmam que a mãe gestante é sagrada para eles. Mas será o caso, de fato?

Mashenka, a lavadeira

Na mesma casa da esposa do diretor da fábrica, mas nos fundos, em um canto atrás de uma cortina de chita estampada, encolhe-se outra Mashenka. Ela lava a roupa e faz o trabalho doméstico. Mashenka está grávida de oito meses. No entanto, ela arregalaria seus olhos de surpresa se lhe dissessem:

> Mashenka, você não deve carregar coisas pesadas, você deve se cuidar, para o seu próprio bem, para o bem da criança e de toda a humanidade. Você está esperando um bebê e isso significa que a sua condição, aos olhos da sociedade, é 'sagrada'.

Masha acharia isso uma intervenção desnecessária ou uma piada de mau gosto. Aonde já se viu uma mulher da classe trabalhadora receber tratamento especial por estar grávida? Masha e as centenas de milhares de outras mulheres das classes sem propriedade, que são forçadas a venderem suas mãos trabalhadoras, sabem que os proprietários não têm compaixão quando veem mulheres necessitadas; e elas não têm alternativa, por mais exaustas que estejam, que não seja trabalhar.

"Uma futura mãe deve ter, acima de tudo, um sono tranquilo, boa comida, ar fresco e não realizar muito esforço físico". Isso é o que o médico diz. Masha, a lavadeira, e as centenas de milhares de mulheres trabalhadoras, as escravas do capital, riem na cara dele. Um mínimo de esforço físico? Ar fresco? Comida saudável e suficiente? Sono sem perturbações? Que mulher trabalhadora conhece essas bênçãos? Estas são apenas para a senhora Mashenka e para as esposas dos proprietários da fábrica.

Logo de manhã, antes que a escuridão dê lugar ao amanhecer, e enquanto a senhora Mashenka ainda está tendo doces sonhos, Mashenka, a lavadeira, levanta-se de sua cama estreita e vai para a lavanderia úmida e escura. Ela é recebida pelo cheiro fétido de roupa suja, escorrega no chão molhado das poças de ontem que ainda não secaram. Não é por vontade própria que Masha se escraviza na lavanderia, ela é conduzida por aquela supervisora incansável – a necessidade. O marido de Masha é trabalhador e seu salário é tão pequeno que duas pessoas não conseguiriam manter-se com ele. E assim, em silêncio, rangendo seus dentes, ela fica em pé sobre o tanque até o último dia possível, até o parto. Não se engane pensando que Masha, a lavadeira, tem "saúde de ferro", como as senhoras costumam dizer quando falam das mulheres trabalhadoras. As pernas de Masha estão pesadas, com as veias inchadas por ficar muito tempo no tanque; ela só consegue andar devagar e com muita dificuldade. Há olheiras em seus olhos. Seus braços estão inchados e ela não dorme direito há muito tempo.

Os cestos de linho molhados costumam ser tão pesados que Masha se apoia na parede para evitar cair. Sua cabeça gira e tudo fica escuro diante de seus olhos. Muitas vezes parece que há um enorme e podre dente alojado em sua coluna e que suas pernas são feitas de chumbo. Se ela pudesse se deitar por uma hora... descansar um pouco... mas mulheres trabalhadoras não têm permissão para fazer tais coisas. Esses luxos não são para elas. Afinal, elas não são senhoras. Masha suporta, em silêncio, seu árduo trabalho. As únicas mulheres "sagradas" são as gestantes que não são conduzidas por esse patrão implacável, a necessidade.

Masha, a empregada

A senhora Mashenka precisa de outra empregada. O senhor e a senhora acolhem a camponesa. A senhora Mashenka gosta da gargalhada da menina e de sua trança que vai até abaixo do joelho, e do jeito que a menina voa pela casa como um pássaro, tentando agradar a todos. Uma joia de menina. Eles a pagam três rublos por mês e ela trabalha o suficiente para três pessoas. A senhora está cheia de elogios.

Então o diretor da fábrica começa a se insinuar para a garota. Suas cortesias crescem. A menina não vê o perigo; ela é inexperiente, ingênua. O senhor fica ainda mais gentil e amoroso. O médico o aconselhou a não exigir nada de sua esposa. Silêncio, diz ele, é o melhor remédio. O diretor da fábrica está disposto a deixá-la parir em paz, desde que ele não tenha que sofrer. A empregada também se chama Masha. As coisas podem ser organizadas mais facilmente; a garota é ignorante. Burra. Não é difícil assustá-la, ela tem medo de qualquer coisa. E então Masha engravidou. Ela para de rir e começa a parecer abatida. A ansiedade corrói seu coração dia e noite.

Masha, a senhora, descobre. Ela faz um escarcéu. A menina tem 24 horas para fazer as malas. Masha vagueia pelas ruas. Ela não tem amigos, nenhum lugar para ir. Quem vai empregar "aquele tipo de garota" em qualquer casa "honesta"? Masha vagueia sem trabalho, sem pão, sem ajuda. Ela passa por um rio. Ela olha para as ondas escuras e se afasta, tremendo. O rio gelado e sombrio a apavora, mas, ao mesmo tempo, parece acenar para ela.

Masha, a tintureira

Há uma confusão no departamento de tingimento da fábrica; uma trabalhadora foi carregada como se estivesse morta. O que aconteceu com ela? Foi envenenada pelo vapor? Não podia mais suportar a fumaça? Ela não é novata. Já está na hora de ela se acostumar com o veneno de fábrica.

"Não é absolutamente nada", diz o médico. "Não vê? Ela está grávida. As mulheres grávidas tendem a se comportar de todas as maneiras estranhas. Não é necessário ceder a elas".

Então, eles mandam a mulher de volta ao trabalho. Ela tropeça como bêbada pela oficina de volta ao seu lugar. Suas pernas estão dormentes e se recusam a obedecê-la. Não é brincadeira trabalhar dez horas por dia, dia após dia, em meio ao fedor tóxico, ao vapor e aos gases prejudiciais. E não há descanso para a mãe trabalhadora. Mesmo quando as dez horas se acabam. Em casa está a mãe idosa e cega esperando pelo jantar, e o seu marido volta da fábrica cansado e faminto. Ela tem que alimentar a todos eles e cuidar de todos eles. Ela é a primeira a se levantar de manhã, está de pé ao nascer do sol. E ela é a última a dormir. E então, para coroar, eles implementaram horas extras. As coisas estão indo bem na fábrica, o proprietário está acumulando os lucros com as duas mãos. Ele dá apenas uns copeques[2] extras para as horas extras, mas se você questionar, você sabe o caminho da rua. Existem, graças a Deus, desempregados suficientes no mundo. Masha tenta uma licença, recorrendo ao próprio diretor.

"Vou ter meu bebê em breve. Preciso deixar tudo pronto. Meus filhos são pequenos e tem o trabalho doméstico; e ainda tenho minha mãe idosa para cuidar". Mas ele não vai ouvir. Ele é rude com ela e a humilha na frente dos outros trabalhadores. "Se eu começasse a dar folgas a todas as grávidas, seria mais fácil fechar a fábrica. Se você não dormisse com homens, não estaria grávida".

[2] Nome dado às moedas divisionárias da Rússia, Bielorrússia e da Ucrânia. Na Rússia e Bielorrússia corresponde à centésima parte do rublo, na Ucrânia corresponde à centésima parte da parte da grívnia. Atualmente 1 rublo russo corresponde aproximadamente a 0,072 do real brasileiro ou 0,014 do dólar estadunidense. (N.O.)

Então, Masha, a tintureira, tem de trabalhar até o último minuto. É dessa forma que a sociedade burguesa valoriza a maternidade.

Parto

Para a família da senhora Masha, o parto é um grande evento. É quase um feriado. A casa está cheia de médicos, de parteiras e de enfermeiras. A mãe está deitada em uma cama limpa e macia. Há flores nas mesas. Seu marido está ao seu lado, cartas e telegramas são entregues. Um padre faz orações de agradecimento. O bebê nasce saudável e forte. E isto não é uma surpresa. Eles tomaram tanto cuidado e fizeram tanto alvoroço com Masha.

Masha, a lavadeira, também está em trabalho de parto. Atrás da cortina de chita, no canto de uma sala cheia de outras pessoas. Masha está com dor. Ela tenta reprimir seus gemidos, enterrando a cabeça no travesseiro. Os vizinhos são todos trabalhadores e ela não os privaria do sono deles. Pela manhã chega a parteira. Ela lava e ajeita o bebê e logo corre para outro parto. Mashenka está agora sozinha na sala. Ela olha para o bebê, que é muito mirradinho. Magro e enrugado. Seus olhos parecem reprovar a mãe por tê-lo parido. Mashenka olha para ele e chora silenciosamente para não incomodar os outros.

Masha, a empregada, pare seu filho debaixo de uma cerca na rua, em uma viela da periferia. Ela tentou em uma maternidade, mas não havia vagas. Ela bateu em outra, mas eles não a aceitaram, disseram que ela precisava de vários papéis assinados. Ela pare; ela segue em frente. Ela caminha e cambaleia. Ela envolve o bebê em um cachecol. Para onde ela pode ir? Não há para onde ir. Ela se lembra do rio escuro, assustador e até fascinante. Pela manhã, o policial arrasta um corpo para fora do rio. É assim que a sociedade burguesa valoriza a maternidade.

O bebê de Masha, a tintureira, nasceu morto. Não conseguiu sobreviver aos nove meses. O vapor que a mãe inala na fábrica envenenou a criança enquanto ela ainda estava no útero. O parto foi muito difícil. A própria Masha teve sorte em sobreviver. Porém, à noite do dia posterior, ela já está a postos, arrumando as coisas, lavando e cozinhando. Poderia ser de outra forma? Quem mais vai cuidar da casa de Masha e organizar o lar? Quem cuidaria para que as crianças fossem alimentadas? A senhora Masha pode ficar nove dias deitada na cama por ordem do médico, pois ela tem toda uma equipe de empregados ao seu redor. Se Masha, a tintureira, desenvolvesse uma doença grave por ter ido trabalhar logo após o parto e ficasse coxa por conta disso, seria muito ruim.

Não há ninguém para cuidar da mãe trabalhadora. Ninguém para tirar os pesados fardos dos ombros dessas mulheres cansadas. A maternidade, dizem eles, é sagrada. Mas isso só é verdade no caso da senhora Masha.

A cruz da maternidade

Para Masha, a senhora, a maternidade é uma época alegre. Em um brilhante e arrumado berçário, o herdeiro do dono da fábrica cresce sob os cuidados de várias babás e a supervisão de um médico. Se a senhora Masha tiver pouco leite ou não quiser prejudicar sua aparência, encontra-se uma ama de leite. A senhora Masha se diverte com o bebê e logo sai para passear, vai às compras, ou ao teatro, ou ao baile. Alguém está à disposição para cuidar do bebê. A maternidade é divertida. É entretenimento para Masha, a senhora.

Para as outras Mashas, as trabalhadoras – as tintureiras, tecelãs, lavadeiras e outras centenas de milhares de mulheres da classe trabalhadora –, a maternidade é uma cruz. A sirene da fábrica chama a mulher para trabalhar, mas seu filho está incomodando e chorando. Como ela pode deixá-lo? Quem vai cuidar dele? Ela coloca o leite em uma mamadeira e dá a criança a uma senhora idosa à porta ou deixa sua filha pequena cuidando. Ela sai para trabalhar, mas nunca para de se preocupar com a criança. A menininha, bem-intencionada, mas ignorante, pode tentar alimentar seu irmão com mingau ou pedaços de pão.

O bebê da senhora Masha fica melhor a cada dia. Como açúcar branco ou uma firme e rosada maçã; tão forte e saudável. Os filhos da operária, da lavadeira e da artesã emagrecem a cada dia. À noite, o bebê se encolhe e chora. O médico vem e repreende a mãe por não amamentar a criança ou não alimentá-la de forma apropriada. "E você se chama de mãe. Agora só te resta se culpar se o bebê morrer". As centenas e milhares de mães trabalhadoras não tentam se explicar. Elas abaixam a cabeça, enxugando discretamente as lágrimas. Elas poderiam dizer ao médico as dificuldades que enfrentam? Ele acreditaria nelas? Ele as entenderia?

Elas morrem como moscas

As crianças estão morrendo. Os filhos dos homens e mulheres trabalhadores morrem como moscas. Um milhão de túmulos. Um milhão de mães desoladas. Mas do que as crianças morrem? Quando a morte colhe as flores da primavera, os filhos de quem caem na foice? Como é de se imaginar, a morte junta a colheita mais pobre dentre as famílias ricas, onde as crianças vivem no calor e no conforto e são amamentadas com o leite de suas mães ou amas de leite. Nas famílias da realeza, apenas seis ou sete de cada 100 crianças recém-nascidas morrem. Nas famílias dos trabalhadores, de

30 a 45 morrem. Em todos os países em que os capitalistas controlam a economia e os trabalhadores vendem sua força de trabalho e vivem na pobreza, a porcentagem de bebês que morrem na primeira infância é muito alta. Na Rússia, os números são mais altos do que em qualquer outro lugar. Aqui estão os números comparativos para o número de crianças que sobrevivem à primeira infância: Noruega, 93%; Suíça, 89%; Inglaterra, 88%; Finlândia, 88%; França, 86%; Áustria, 80%; Alemanha, 80%; Rússia, 72%. No entanto, há várias províncias na Rússia, especialmente aquelas com muitas fábricas, em que 54% das crianças morrem ao nascer. Nas áreas das grandes cidades onde os ricos vivem, a mortalidade infantil é de apenas de 8% a 9%; nas áreas das classes trabalhadoras o número é de 30% a 31%. Por que os filhos do proletariado morrem nessa quantidade? Para crescer saudável e forte, uma criança pequena precisa de ar fresco, calor, sol, limpeza e cuidados efetivos. Precisa ser amamentada. O leite de sua mãe é seu alimento natural e irá ajudá-la a crescer e ficar forte. Quantos filhos de famílias da classe trabalhadora têm todas essas coisas que listamos?

A morte marca terreno para si em lares das famílias da classe trabalhadora porque essas famílias são pobres, seus lares são superlotados e úmidos, e a luz do sol não chega ao porão; porque onde há muitas pessoas, geralmente a sujeira se acumula, e porque a mãe da classe trabalhadora não tem a oportunidade de cuidar de seus filhos de forma apropriada. A ciência estabeleceu que a alimentação artificial é o pior inimigo da criança: crianças alimentadas com o leite da vaca e as crianças alimentadas com outros alimentos morrem cinco e 15 vezes mais, respectivamente, do que aquelas que são amamentadas. Mas como faz a mulher que trabalha fora de casa, na fábrica ou na oficina, para amamentar o filho? Ela tem sorte se o dinheiro der para comprar leite de vaca; isso não acontece sempre. E que tipo de leite os comerciantes vendem às mães trabalhadoras, aliás? Cal misturada com água. Em consequência disso, 60% dos bebês morrem devido a doenças do estômago. Muitos outros morrem do que os médicos gostam de chamar de "a incapacidade de viver": a mãe, esgotada pelo seu árduo trabalho físico, pare prematuramente. Ou a criança é envenenada pelos vapores da fábrica quando ainda está no útero. Como pode a mulher da classe trabalhadora cumprir inteiramente suas obrigações maternais?

Trabalho e maternidade

Houve um tempo, não muito distante, um tempo em que nossas avós se recordam de quando as mulheres estavam só envolvidas no trabalho em casa: nos afazeres domésticos e nos artesanatos domésticos. As mulheres das classes não proprietárias não eram ociosas, é claro. O trabalho em torno da casa era árduo. Elas tiveram de cozinhar, costurar, lavar, tecer, manter os lençóis brancos e trabalhar na horta e nos campos. Mas esse trabalho não as separou do berço; não havia paredes de fábrica separando-as de seus filhos. Por mais pobre que a mulher fosse, seu filho estava em seus braços. Os tempos mudaram. Fábricas foram criadas; oficinas foram abertas. A pobreza expulsou as mulheres de seus lares; a fábrica as puxou com as suas garras de ferro. Quando os portões da fábrica batem atrás dela, uma mulher tem que dizer adeus à maternidade porque a fábrica não tem compaixão da mulher grávida ou da mãe jovem.

Quando uma mulher trabalha dia após dia em cima de uma máquina de costura, ela desenvolve uma doença dos ovários. Quando ela trabalha em uma fábrica de tecelagem ou de fiação, uma fábrica de borracha ou de porcelana ou uma fábrica de chumbo ou de química, ela e seu bebê correm o risco de serem envenenados pelo vapor nocivo e pelo contato com substâncias nocivas. Quando uma mulher trabalha com chumbo ou com mercúrio, ela torna-se infértil ou seus filhos nascem mortos. Quando ela trabalha em uma fábrica de cigarros ou tabaco, a nicotina em seu leite pode envenenar a criança. Mulheres grávidas também podem mutilar ou matar seus filhos carregando fardos pesados, ficando de pé por muitas horas em um banco ou em um balcão, ou correndo para cima e para baixo por capricho da senhora da casa. Não há trabalho perigoso ou prejudicial ao qual as mulheres estejam barradas. Não há nenhum tipo de indústria que deixe de empregar gestantes ou lactantes. Nas condições em que vivem as trabalhadoras na produção, é o túmulo da maternidade.

Há uma solução para o problema?

Se as crianças chegam natimortas, nascem aleijadas ou morrem como moscas, faz sentido a trabalhadora engravidar? Todas as provações do parto compensam se a trabalhadora tem de abandonar seus filhos quando ainda são tão pequenos? Ainda que ela queira criá-lo adequadamente, não tem tempo de cuidá-lo e zelá-lo. Sendo assim, não é melhor apenas evitar a maternidade?

Muitas trabalhadoras estão pensando duas vezes antes de ter filhos. Elas não suportam carregar a cruz. Há uma solução para o problema? As proletárias têm de se privar da última alegria que lhes resta na vida? A vida as machucou, a pobreza dá a elas um nada e a fábrica suga suas forças. Isso significa que a proletária deva abrir mão do direito às alegrias de ter filhos? Desistir sem lutar? Sem tentar vencer o que a natureza determinou a todos os seres? Há uma alternativa? Claro que há, mas nem toda proletária está ciente disso.

Qual é a alternativa?

Imagine uma sociedade, um povo, uma comunidade aonde não há mais senhoras Mashenka e lavadeiras Mashenka. Aonde não há parasitas e nem proletários contratados. Aonde todas as pessoas trabalham na mesma quantidade e a sociedade, em troca, cuida e as ajuda na vida. Da mesma forma que as senhoras Mashenka são cuidadas por seus parentes, aquelas que precisam de mais atenção – as mulheres e os filhos – serão cuidadas pela sociedade, que é como uma grande e amigável família. Quando Mashenka, que agora não é nem uma senhora, nem uma empregada, mas simplesmente uma cidadã, engravida, ela não tem que se preocupar com o que acontecerá com ela e com seu filho. A sociedade, aquela grande e amigável família, cuidará de tudo.

Um lar extraordinário com jardim e flores estará pronto para recebê-la. Será tão planejado que toda gestante que acaba de dar à luz poderá viver lá alegremente, com saúde e conforto. Os médicos nessa sociedade-família são preocupados não somente em preservar a saúde da mãe e da criança, mas em preservar a mulher da dor do parto. A ciência está progredindo nesse campo e pode ajudar o médico nessa questão. Quando a criança estiver forte o suficiente, a mãe retorna à sua vida normal e retoma o trabalho que faz em prol da grande sociedade-família. Ela não precisa se preocupar com o filho, a sociedade está lá para ajudá-la. As crianças crescerão no jardim de infância, na colônia infantil, na creche e na escola sob os cuidados de enfermeiras experientes. Quando a mãe quer estar com seus filhos, basta dizer uma palavra; e quando ela não tiver tempo, saberá que eles estão em boas mãos. A maternidade não é mais uma cruz. Apenas seus momentos alegres permanecem: apenas a grande felicidade de ser mãe, esta, que no momento, só senhoras Mashenka desfrutam.

Mas tal sociedade é encontrada somente em contos de fadas? Poderia tal sociedade existir? A ciência da economia e a história da sociedade e do Estado mostra que tal sociedade deve e vai surgir. Por mais fortes que sejam os ricos capitalistas, os donos de fábricas, os donos de terra e as pessoas de propriedade, o conto de fadas se realizará. A classe trabalhadora de todo o mundo está lutando para realizar esse sonho. E ainda que a sociedade esteja longe de ser uma família feliz, ainda que haja muitas lutas e desafios pela frente, ao mesmo tempo é verdade que a classe trabalhadora de outros países teve grandes avanços. Homens e mulheres trabalhadores estão tentando aliviar a cruz da maternidade fazendo com que leis sejam aprovadas, tomando outras medidas.

Como a lei pode ajudar?

A primeira coisa a ser feita e a primeira coisa que homens e mulheres trabalhadores estão fazendo em todos os países é garantir que a lei defenda a mãe proletária. Considerando que a pobreza e a insegurança forçam as mulheres a trabalhar, e o número de mulheres que trabalham fora aumenta a cada ano, o mínimo a ser feito é assegurar que o trabalho formal não se torne o "túmulo da maternidade". A lei deve intervir para ajudar mulheres a conciliarem trabalho e maternidade.

Homens e mulheres trabalhadores de todos os lugares exigem a proibição por completo do trabalho noturno às mulheres e aos jovens, uma jornada de oito horas a todos os trabalhadores e a proibição de trabalho a crianças com menos de 16 anos de idade. Eles exigem que meninas e meninos com menos de 16 anos trabalhem apenas metade do dia. Isso é fundamental, especialmente do ponto de vista da futura mãe, já que entre os 17 e 18 anos a menina já está crescendo e se tornando uma mulher. Se a força dela é minada durante esses anos, suas chances de uma maternidade saudável são perdidas para sempre.

A lei deve estabelecer categoricamente que as condições de trabalho e toda a situação de trabalho não deve ameaçar a saúde da mulher; os métodos de produção prejudiciais devem ser substituídos por métodos seguros ou devem ser eliminados por completo; trabalhos pesados, com pesos ou máquinas movidas a pé, devem ser mecanizados; as salas de trabalho devem ser mantidas limpas e lá não deve haver temperaturas extremas; banheiros, lavabos e refeitórios devem ser providenciados etc. Essas exigências podem ser atendidas – elas já foram encontradas em fábricas modelo –, mas os donos das fábricas não gostam de desembolsar o dinheiro. Todos os ajustes e todas as melhorias são caros e a vida humana é muito barata.

É de grande importância uma lei que estabeleça que as mulheres devem trabalhar sentadas sempre que possível. Também é importante que multas efetivas e não somente nominais sejam aplicadas aos proprietários de fábricas que infringirem a lei. A tarefa de fiscalizar o cumprimento da lei deve ser confiada não somente aos fiscais da fábrica, mas também aos representantes eleitos pelos trabalhadores.

Proteção da maternidade

A lei deve proteger a mãe. Até agora, a legislação russa (Artigo 126, "Condições na indústria") concede às trabalhadoras em grandes fábricas o direito a quatro semanas de licença-maternidade. O que, claro, não é o suficiente. Na Alemanha, na França e na Suíça, por exemplo, a mãe tem direito a oito semanas de licença-maternidade sem perder o trabalho. Isto, no entanto, também não é suficiente. O Partido Trabalhista exige um intervalo de 16 semanas: oito antes e oito após o parto. A lei também deve estipular que a mãe tem o direito a uma folga durante a jornada de trabalho para alimentar seu filho. Essa exigência já se tornou lei na Itália e na Espanha. A lei deve exigir que creches sejam construídas, e outras salas devidamente aquecidas devem ser providenciadas, onde os bebês possam ser amamentados, sejam providenciadas pelas fábricas e pelas oficinas.

Seguro-maternidade

No entanto, não basta a lei proteger a mãe tão somente por ver que ela não precisa trabalhar durante o período de gestação. É fundamental que a sociedade garanta o bem-estar material da mulher durante a gravidez. Não seria de fato um "descanso" para a mulher se ela simplesmente fosse impedida de ganhar seu pão de cada dia por 16 semanas. Isso seria condená-la à morte certa. A lei deve, portanto, não somente proteger a mãe no trabalho, mas também deve iniciar, custeada pelo Estado, um esquema de benefícios de maternidade.

Essa segurança ou seguro-maternidade já vem sendo implementado em 14 países: Alemanha, Áustria, Hungria, Luxemburgo, Inglaterra, Austrália, Itália, França, Noruega, Sérvia, Romênia, Bósnia, Herzegovina e Rússia. Em 11 países, incluindo a Rússia, a trabalhadora solicita um seguro em uma corretora de seguros, pagando contribuições semanais. Em troca, a corretora paga o dinheiro dos benefícios (o valor varia de país para país, mas em nenhum deles excede o salário integral) e também concede assistência médica e parteira. Na Itália, a trabalhadora paga suas cotas e recebe ajuda de maternidades especializadas. Outras contribuições são pagas pelo proprietário da fábrica onde ela trabalha e pelo Estado. Mesmo nesse caso, no entanto, a trabalhadora deve arcar com o maior encargo financeiro. Na França e na

Austrália, a trabalhadora não tem que fazer nenhum tipo de seguro. Qualquer mulher, casada ou solteira, tem o direito de receber ajuda do Estado caso precise. Na França, ela recebe os benefícios durante um período de oito semanas (de 20 a 50 copeques por dia, às vezes mais), além da assistência médica e uma parteira. Na Austrália, ela recebe uma quantia total de 50 rublos. Na França, também foi organizado um sistema de "governanta substituta". Ao fim da gravidez de uma mulher, uma amiga ou uma vizinha que frequentou os cursos gratuitos de cuidado às mulheres grávidas e às crianças pequenas vem para ajudar. Ela continua a fazer as visitas diárias até que a mãe esteja bem o suficiente para se levantar: ela arruma a casa, faz o jantar, cuida do bebê e é paga por esse serviço pela corretora. Na França, na Suíça, na Alemanha e na Romênia, a mãe também recebe benefícios de uma corretora de seguros durante o período em que está amamentando os filhos. Dessa forma, foram dados os primeiros passos em relação ao amparo às mães.

O que os trabalhadores estão exigindo?

Tudo que está sendo feito no momento é pouco, evidentemente. A classe trabalhadora está tentando fazer com que a sociedade assuma as dificuldades do parto. A classe trabalhadora quer assegurar que a lei e que o Estado arquem com as preocupações mais urgentes da trabalhadora – as preocupações materiais e financeiras. Ainda que a classe trabalhadora perceba que apenas uma nova sociedade, a grande e amigável família mencionada anteriormente, assumirá o cuidado integral da mãe e da criança, é possível desde já facilitar a vida da mulher da classe trabalhadora. Muito já foi conquistado. Mas temos de continuar lutando. Se trabalharmos juntos, ganharemos ainda mais.

O Partido Trabalhista, em todos os países, exige que haja planos de seguro-maternidade que cubra todas as mulheres, independente da natureza de seu trabalho, não importa se a mulher é uma empregada, uma operária, uma artesã ou uma camponesa pobre. Os benefícios devem ser fornecidos antes e depois do parto, por um período de seis semanas. Uma mulher deve continuar a receber os benefícios se o médico considerar que ela não se recuperou o suficiente ou que a criança não está forte o suficiente. A mulher deve receber os benefícios integrais até mesmo se a criança morrer ou se o parto for prematuro. Os benefícios devem ser uma vez e meia maiores do que o salário regular da mulher; quando uma mulher está desempregada, ela deve receber uma vez e meia o salário médio de uma mulher que trabalha. Também deve constar na lei – e isso é muito importante – que os benefícios não sejam inferiores a um rublo por dia para as grandes cidades e 75 copeques por dia para as pequenas cidades e para as aldeias. Caso contrário, se o salário de uma mulher fosse de 30 copeques, ela receberia apenas 45 copeques. Como pode uma mãe e uma criança viver dignamente com 45 copeques por dia? Uma mãe pode ter tudo que ela precisa para a vida e para a saúde com 45 copeques? A mãe também deve receber benefícios da corretora durante todo o período em que ela estiver amamentando o filho, e não menos do que nove meses. O tamanho do benefício deve ser cerca de metade do salário normal.

Os benefícios devem, portanto, ser pagos tanto antes quanto após o parto, e devem ser pagos diretamente nas mãos da mãe ou de alguma pessoa autorizada por ela. O direito ao recebimento dos benefícios deve ser estabelecido sem nenhuma das condições que estão em vigor no momento. De acordo com a nossa lei russa, por exemplo, uma mulher deve ter sido membro do departamento por três meses para ser elegível. À mulher devem ser garantidos os serviços médicos gratuitos e uma parteira e a ajuda de uma "dona de casa substituta", conforme organizado na França e, em certa medida, na Alemanha e na Inglaterra.

A responsabilidade de assegurar que a lei seja cumprida e que a parturiente receba tudo que ela tem direito é das delegadas eleitas entre as trabalhadoras. As mães grávidas e as lactantes devem ter o direito legal de receber leite gratuito e, se necessário, enxoval para o novo bebê, custeado pela cidade ou pela aldeia. O Partido Trabalhista também exige que a cidade, o *zemstvo*[3] ou a corretora de seguros construam creches para crianças pequenas em cada fábrica. O custeio disso deve ser fornecido pelo proprietário da fábrica, pela cidade ou pelo *zemstvo*. Essas creches devem ser organizadas de forma que cada lactante possa facilmente visitar e amamentar o bebê nos intervalos do trabalho permitido por lei. A creche deve ser administrada não pelas senhoras filantrópicas, mas pelas próprias mães trabalhadoras.

A cidade, o *zemstvo* ou a corretora de seguros devem, às próprias custas, construir também, em números suficientes: (I) casas de maternidade; (II) lares para as mães grávidas e lactantes que estão sozinhas e não trabalham (estas já existem na França, na Alemanha e na Hungria); (III) consultas médicas gratuitas às mães e às crianças pequenas, para que o médico possa observar o curso da gravidez, dar conselhos e instruir a mãe nos cuidados infantis; (IV) clínicas para crianças doentes, como as construídas pela Women's Labor League[4] na Inglaterra; (V) jardins de infância onde a mãe pode deixar seus

---

[3] Sistema de administração local existente na Rússia à época. (N.E.)

[4] Organização fundada para e por mulheres em Londres em 1906. Ligada ao Partido Trabalhista, incentivou a participação política das mulheres. (N.O.)

filhos pequenos – de dois a cinco anos – enquanto trabalha. Por ora, a mãe retorna do trabalho, cansada e exausta, precisando de paz e silêncio; e imediatamente tem que começar a trabalhar de novo para cuidar dos filhos famintos, sujos e desarrumados. Faz toda a diferença para a mãe buscar os filhos bem alimentados, limpos, alegres e cheios de novidade, e ter os mais velhos, que aprenderam a ajudar no jardim de infância e se orgulham desse conhecimento, dando uma mãozinha em casa; (VI) cursos gratuitos de cuidado infantil para meninas novas e mães; (VII) cafés da manhã e jantares gratuitos para grávidas e mulheres lactantes, um serviço que já foi iniciado na França.

Essas medidas não devem ser taxadas com o amargo rótulo de "filantropia". Cada membro da sociedade – e isso significa toda trabalhadora e todo cidadão, homem e mulher – tem o direito de exigir que o Estado e a comunidade se preocupem com o bem-estar de todos. Por que as pessoas formam um Estado, se não para esse propósito? No momento, não há governo em nenhum lugar do mundo que cuide de seus filhos. Homens e mulheres trabalhadores em todos os países estão lutando por uma sociedade e por um governo que realmente se tornará uma grande família feliz, em que todas as crianças serão iguais e a família cuidará igualmente de todos. Assim a maternidade será uma experiência diferente e a morte deixará de fazer uma colheita tão abundante entre os recém-nascidos.

O que toda trabalhadora deve fazer?

Como todas essas exigências podem ser conquistadas? Qual ação deve ser tomada? Cada mulher da classe trabalhadora, cada mulher que lê este panfleto, deve abandonar sua indiferença e começar a apoiar o movimento da classe trabalhadora, que está lutando por essas exigências e está moldando o velho mundo em um futuro melhor em que mães não chorarão mais as lágrimas amargas e em que a cruz da maternidade se tornará uma grande alegria e um grande orgulho. Devemos dizer a nós mesmas: "Há força na unidade"; quanto mais trabalhadoras juntarem-se ao movimento da classe trabalhadora, maior será nossa força e mais rápido teremos o que queremos. Nossa felicidade e a vida e o futuro de nossos filhos estão em jogo.

PREFÁCIO AO LIVRO *SOCIEDADE E MATERNIDADE*[1] (1916)[2]

Entre os numerosos problemas levantados pela realidade contemporânea, provavelmente não há nenhum mais importante para a humanidade, mais vital e urgente do que o *problema da maternidade* criado pelo sistema econômico capitalista de grande escala. O problema da proteção e do sustento da mãe e da criança é uma questão enfrentada pelos políticos sociais, bate incessantemente à porta do homem de Estado, interpela os especialistas em higiene e saúde, preo-

---

[1] Kollontai começou a trabalhar em seu livro *Sociedade e Maternidade* muito antes da eclosão da Primeira Guerra Mundial, depois que a facção social-democrata na Duma do Terceiro Estado pediu a ela que escrevesse uma seção sobre seguro-maternidade a ser incluída no projeto de lei sobre proteção trabalhista. No início de 1914, o trabalho foi concluído e entregue à editora de São Petersburgo Zhizn i Znaniye [Vida e Conhecimento], dirigida pelo historiador e escritor bolchevique Vladimir Dmitriyevich Bonch-Bruyevich. A obra foi publicada em 1916, com quase 650 páginas e dividida em duas seções. A primeira seção trata das principais questões envolvidas: as razões para o seguro-maternidade estatal, as causas da queda da natalidade, os efeitos das condições de vida da classe trabalhadora e do trabalho feminino sobre a mortalidade infantil, os tipos e formas de seguro-maternidade. Em um volumoso apêndice, a autora cita as leis de seguro-maternidade de 14 países, as resoluções adotadas sobre este assunto em conferências de mulheres socialistas, uma ampla gama de material estatístico e uma grande bibliografia que inclui fontes de referência em seis idiomas europeus. (Nota da edição de referência)

[2] Tradução do inglês por Annabelle Bonnet. Fonte: *Alexandra Kollontai: Selected Articles and Speeches*, Progress Publishers, 1984.

cupa o estatístico social, assombra o representante da classe trabalhadora e pesa sobre os ombros de dezenas de milhões de mães obrigadas a trabalhar para se sustentar.

Ao lado do problema da sexualidade e do casamento, envolto na linguagem poética do sofrimento psicológico, das dificuldades insolúveis e das necessidades insatisfeitas das almas nobres, sempre encontramos a figura majestosa e trágica da maternidade carregando a duras penas seu pesado fardo. Os neomalthusianos, os reformadores sociais e os filantropos apressaram-se para fornecer sua própria solução particular para este espinhoso problema, e todos cantam os louvores de seu próprio método para restaurar o paraíso perdido às mães e seus bebês.

Enquanto isso, o número de cadáveres de crianças não para de crescer, e a taxa de natalidade desenfreada, em vez de elevar-se "sensatamente" ao nível que atenderia às exigências do Estado, revela uma tendência desagradável ao declínio constante. A prosperidade da indústria e o desenvolvimento da economia nacional dependem de uma oferta constante de mão de obra fresca; a potência militar da nação é assegurada pelo aumento contínuo da população masculina capacitada. O que fazer se o crescimento da população não apenas diminui a cada década, mas, como é o caso na França, cai repetidamente abaixo do limite de reposição? Perturbadas por estes sintomas preocupantes, as autoridades estatais, país após país, estão se juntando às fileiras dos defensores das crianças pequenas e se voltando para um princípio estranho em espírito à ordem moderna – *o princípio do seguro-maternidade estatal*, um princípio em forte contradição com a estrutura social atual, pois mina a base do casamento e viola os conceitos fundamentais dos direitos e das relações privadas de família. Entretanto, se em nome de considerações "superiores" do Estado e sob a pressão da necessidade, as autoridades estatais foram obrigadas a avançar e implementar uma medida tão contrária ao espírito dominante dos representantes do mundo burguês, no outro extremo da escala social, na classe trabalhadora, o princípio do cuidado e da proteção da mãe e do filho é acolhido com entusiasmo e simpatia.

A reivindicação de um seguro-maternidade e da proteção à criança por parte da coletividade social (a comunidade) nasceu das necessidades imediatas e vitais da classe trabalhadora assalariada. De todos os estratos da sociedade, esta classe é a que mais requer que seja encontrada uma solução para o doloroso conflito entre o trabalho profissional obrigatório das mulheres e seus deveres de mães, enquanto representantes do seu sexo. Seguindo um poderoso instinto de classe em vez de uma ideia claramente compreendida, a classe trabalhadora se esforçou para encontrar uma maneira de resolver este conflito.

Ela tateou seu caminho, e não escolheu imediatamente o caminho certo, mas foi sem dúvida a seção organizada da classe trabalhadora que reivindicou a defesa da maternidade enquanto os representantes das outras classes ainda negavam a própria existência do problema, considerando as medidas sugeridas para resolvê-lo utopias pueris. Já no Primeiro Congresso da I Internacional, no final da década de 1860, os socialistas levantaram a questão da proteção às mulheres trabalhadoras como mães e representantes de seu sexo. Desde então, os representantes organizados da classe trabalhadora voltaram constantemente a esta questão. As medidas originalmente propostas pelos trabalhadores eram, é verdade, um tanto inconsistentes e contraditórias, e não correspondiam às tendências básicas dentro do movimento operário. Entretanto, à medida que a estreita ligação entre o movimento operário e a tendência ao aumento da mão de obra profissional feminina se tornou mais clara, as exigências básicas dos trabalhadores e das trabalhadoras sobre esta questão foram progressivamente definidas.

As reivindicações atuais dos socialistas para a proteção e o cuidado da mãe e da criança se inscrevem plenamente nas tarefas gerais do movimento socialista. A evolução das relações sociais mostra claramente que, nesta área, a tendência dominante é a transferência para a coletividade social (comunidade) das tarefas e dos deveres que, até então, eram considerados como funções inalienáveis dos membros das famílias individuais.

Desse modo, os poderes públicos, de um lado, e os partidos socialistas, do outro, chegaram a uma única e idêntica conclusão abordando a questão por diferentes pontos de vista, e baseando-se em razões distintas, a saber, a necessidade da proteção e da provisão da maternidade por parte do Estado. A diferença de opinião que existe hoje em dia não diz respeito ao reconhecimento do princípio do seguro-maternidade, como acontecia até recentemente, mas sobretudo ao uso desta medida sociopolítica, seu alcance e sua implementação. Mesmo naqueles países que já deram seus primeiros passos para oferecer o seguro-maternidade, as autoridades estatais procuram limitar-se ao mínimo, fazendo concessão após concessão a um mundo burguês desaprovador. Os representantes da classe trabalhadora, por outro lado, exigem medidas radicais e criticam impiedosamente as reformas insuficientes introduzidas pelos atuais governos, que tentam defender a mãe e a criança com uma mão, enquanto sustentam, com a outra, o próprio sistema de trabalho assalariado explorador que leva a sua destruição.

A questão da proteção e da provisão da maternidade via seguro público é uma questão que surgiu apenas recentemente.

Além disso, um dos traços mais característicos dessa medida social é que aqui a prática precedeu a teoria. A primeira medida de proteção da mãe pela legislação foi tomada na Suíça, em 1878, quando uma licença-maternidade de oito semanas para a mãe trabalhadora se tornou obrigatória. O seguro-maternidade estatal começou na Alemanha quando, em 1883, uma cláusula especial de assistência às mães lactantes foi incluída na lei sobre o seguro de saúde. Nenhuma dessas medidas foi ditada principalmente por considerações humanitárias ou pelos interesses das mães trabalhadoras. Ambas foram motivadas pelos mesmos fenômenos que, pela primeira vez, causaram preocupação entre as autoridades do Estado: o nível assustador de mortalidade infantil nas áreas industriais (que atingiu 65% nos distritos industriais da Alemanha na década de 1870), e a crescente escassez de recrutas do Exército.

Entretanto, enquanto as autoridades estatais davam os primeiros passos práticos em direção à proteção e ao sustento da mãe e do filho, afogavam com seus gritos de desaprovação, ao lado dos representantes do mundo burguês, os primeiros apóstolos do conceito de seguro-maternidade integral, a saber, filantropos visionários como Jules Simon, Felix Poussineau, o famoso ginecologista francês Adolphe Pinard, os teóricos Louis Frank na Bélgica e Paulina Schiff na Itália, Ellen Key na Suécia e, mais tarde, Ruth Bré na Alemanha; todos sustentaram essa ideia em nome da "humanidade" e da "justiça", em nome da saúde e da viabilidade da nação, em nome da reafirmação do mais antigo dos direitos da mulher – o direito à maternidade. Enquanto cediam à necessidade, os poderes públicos tentaram por algum tempo preservar a decência exterior e dar a impressão de que o reconhecimento prático do princípio do seguro-maternidade não contradizia de forma alguma a inviolabilidade da unidade familiar privada.

Assim, os governos insistiram constantemente em afirmar que o seguro-maternidade não é um subsídio de maternidade, mas simplesmente um subsídio pago durante o período de desemprego forçado.

Apesar de sua incoerência, as autoridades estatais estão sendo obrigadas, na prática, a avançar cada vez mais no caminho da proteção e da provisão das mães pelo Estado. Se há apenas cerca de 20 anos a ideia do seguro-maternidade estatal era vista como utópica, agora tal seguro se tornou uma realidade prática que faz parte das tarefas sociopolíticas urgentes enfrentadas por qualquer governo que tenha uma visão de mais longo prazo.

Todas essas medidas de proteção e provisão da mãe e da criança que estão sendo atualmente implementadas pelas autoridades com extrema cautela e circunspecção estão, é claro, muito longe de serem suficientes. Elas nada mais são, até agora, do que os primeiros passos incertos no longo e difícil caminho que leva à realização do ideal: a transferência da tarefa de cuidar da nova geração, tão preciosa para a humanidade, dos ombros privados dos pais e indivíduos para toda a comunidade. O que tem sido feito até agora nesta área nada mais é do que a proclamação e o reconhecimento do princípio – mas isto em si é de grande importância e traz consigo muitas implicações.

Nos últimos dez anos, ou seja, na primeira década do século XX, foi dado um importante passo relativo à questão do seguro-maternidade. Nos últimos anos, essa questão não só foi levantada em congressos de trabalhadores, mas também chamou a atenção do grande público e despertou o interesse de especialistas em higiene pública, bem como de médicos, estatísticos e políticos sociais. Em vários países, ela tem permanecido constantemente na agenda parlamentar. Provocou grandes debates no Reichstag alemão (sessão de 1910-1911), enquanto a Assembleia e o Senado francês discutiram a questão por várias vezes durante os últimos anos (1908-1913), e o Parlamento inglês a abordou durante o debate do projeto de lei relativo ao seguro nacional (1909 e 1913). Ela foi debatida no Parlamento italiano (1905-1910), na Assembleia Federal suíça (1906-1911), no Parlamento austríaco (1909-1913), no Storting [Parlamento] norueguês (1909-1911), nos Parlamentos nacionais da Suécia, Finlândia, Romênia e Sérvia, e na Duma do Terceiro Estado na Rússia, durante a elaboração da legislação sobre o seguro de saúde (1909-1912). O resultado foi a introdução de um seguro estatal para as mães lactantes em oito estados europeus (Itália, França, Noruega, Suíça, Rússia, Romênia, Inglaterra e Sérvia-Bósnia-Herzegovina) e na Austrália, bem como a extensão da legislação do seguro às mães trabalhadoras nos países que já haviam introduzido esta forma de seguro social (Alemanha, Áustria, Hungria e Luxemburgo).

No entanto, apesar dos inegáveis sinais de crescente interesse na questão de assumir a provisão da mãe e da criança, esta tarefa, que é de suma importância para o Estado, ainda está recebendo muito pouca atenção mesmo em países que estão liderando o caminho em termos de legislação social. As autoridades do Estado fazem tudo o que podem para se limitar a reformas na estreita esfera da proteção direta às mães lactantes, deixando a mãe trabalhadora a passar o resto de sua vida sujeita precisamente àquelas condições de vida e de trabalho deletérias que tornam impossível uma maternidade normal. Além disso, a questão da provisão e proteção da mãe e da criança é um aspecto da política social que não pode ser arbitrariamente separado de outras reformas estritamente relacionadas que afetam as condições de trabalho e de vida da classe trabalhadora. A mãe e a criança terão algum benefício significativo com a introdução de uma proteção relativamente abrangente se a mulher trabalhadora for sujeita pelo resto do tempo à exploração irrestrita do capital, se sua jornada de trabalho for tão longa a ponto de lhe sugar as forças, e toda a classe trabalhadora existir permanentemente à beira da fome?

Se o problema de proteção e da provisão da mãe e da criança receber uma solução que seja de alguma forma satisfatória, isto só pode ser alcançado pela introdução simultânea de um sistema complexo de reformas financeiras e econômicas radicais, que todas as autoridades estatais são tão relutantes em aceitar. Os círculos dirigentes preferem estender sua mão protetora à mulher da classe trabalhadora somente no momento em que ela está proporcionando ao Estado um novo membro, enquanto, pelo resto do tempo, a deixa nas garras da exploração impiedosa do capital. Este mesmo erro é repetido pelos reformadores sociais, quando sugerem a implementação de soluções isoladas para o problema da maternidade, rejeitando todas as exigências fundamentais defendidas pela classe trabalhadora organizada em nome da mulher trabalhadora, ao mesmo tempo como membro da classe trabalhadora e como portadora do futuro, como mãe.

A proteção e a provisão da mãe e da criança constituem parte integrante do conjunto das reformas sociais reivindicadas pela classe trabalhadora, e este é o principal mérito das medidas de proteção às mães propostas pelos socialdemocratas. Essas medidas constituem, por assim dizer, os passos que levam ao objetivo ideal que devemos buscar: a solução abrangente do problema da maternidade. Este problema está intimamente ligado aos objetivos fundamentais da classe e não pode ser resolvido se o objetivo final dessa classe não for alcançado. Entretanto, é precisamente porque a questão do seguro-maternidade constitui parte integrante do programa socialista e é inseparável dele, é precisamente porque este problema afeta como nenhum outro os interesses da classe trabalhadora, que nos surpreendemos que o pensamento socialista tenha feito tão pouco no que diz respeito à elaboração teórica da questão da provisão das mães e da proteção das crianças pequenas. Não há nenhuma questão de política social tão pouco representada na literatura socialista como esta questão fundamental e complexa da maternidade, tão importante para o futuro.

A prática, mais uma vez, superou a teoria, e as próprias exigências feitas pelos socialistas na esfera da proteção e da provisão da mãe e da criança ainda estão tomando forma. Ainda não existe um livro impregnado do espírito do socialismo que proporcione uma análise séria e abrangente dessa seção do programa da classe trabalhadora e examine até que ponto as medidas e exigências práticas propostas correspondem aos objetivos da classe e aos interesses do movimento, e isso apesar do fato de que tal questão merece uma atenção mais séria por parte daqueles que representam a classe mais diretamente afetada pelo tema. Será que esta questão não toca no essencial mais fundamental da sociedade moderna? Por acaso ela não afeta diretamente o destino da família? Não altera a própria natureza das relações conjugais? Não constitui um elemento importante nos fundamentos da futura estrutura social proposta? Não seria tempo de correlacionar a demanda por um seguro-maternidade completo com os objetivos fundamentais da classe trabalhadora, de reconhecer claramente a posição ocupada por essa parte do programa socialista no seu majestoso e total plano para a transformação social? A literatura socialista ainda não fornece uma resposta clara e teoricamente fundamentada à seguinte pergunta, muito importante: qual a forma de seguro-maternidade existente que melhor corresponde aos interesses da classe trabalhadora e se aproxima do cumprimento de seus objetivos fundamentais? É de fato desejável, do ponto de vista dos trabalhadores, a generalização dessa forma de seguro-maternidade que compreende o seguro das grávidas e lactantes dentro do sistema de seguro de saúde – forma adotada pelo governo na Alemanha e tomada como modelo por muitos outros governos? Tal forma não deveria ser, em vez disso, uma etapa transitória na direção de um sistema mais completo, mais abrangente de seguro-maternidade que, tendo em vista a magnitude da tarefa em si, deveria tornar-se parte de um sistema de seguro social baseado em um princípio diferente?

As respostas a estas perguntas dependem da maneira como o seguro-maternidade é definido e da atitude adotada em relação à função da maternidade. Existem três pontos de vista diferentes sobre este assunto.

Se adotarmos o ponto de vista do legislador alemão e equipararmos o parto a um fenômeno patológico, uma doença ocasionando um desemprego forçado, contra o qual a mulher é segurada, então o fato de que o seguro-maternidade e o seguro-saúde são tratados como uma única e mesma coisa parece lógico. Mas será que tal identificação atende aos interesses da classe trabalhadora? É possível introduzir disposições abrangentes sobre a maternidade no âmbito restrito e já claramente definido do seguro de saúde? Os próprios legisladores que introduziram essa identificação são obrigados, mesmo diante da modesta ampliação atual do seguro-maternidade, a ir além dos limites do seguro-saúde e anexar parágrafos suplementares sobre as mães trabalhadoras. Não dispostos a reconhecer o seguro-maternidade como um ramo independente do seguro social, os legisladores estão optando por um caminho intermediário e convertendo o seguro-maternidade em uma função do sistema de seguro-saúde que é conceitualmente distinta do convencional auxílio-doença.

Entretanto, existe uma visão da maternidade, apoiada principalmente pelos países românicos: a maternidade é vista como uma função social particular, e a assistência dada à mãe trabalhadora é tratada como uma recompensa pelo serviço que a mãe está prestando ao Estado. Tal ponto de vista resulta na formulação de um princípio diferente de seguro-maternidade que não está relacionado com a doença e o desemprego forçado, e que permite separar a provisão da maternidade como um ramo especial e independente de seguro. Esse ponto de vista é aceitável para a classe trabalhadora? Será que ele atende aos interesses do movimento? Trata-se de mais uma questão para a qual não se encontra resposta direta na literatura socialista.

Finalmente, existe a terceira concepção de provisão da maternidade, que consiste em considerar o seguro-maternidade como um dos meios de aliviar a carga da maternidade da mãe trabalhadora, como uma etapa transitória no caminho para uma situação em que a preocupação com a nova geração deixará de recair sobre os indivíduos e será entregue à sociedade. Este último ponto de vista se aproxima mais da satisfação dos interesses da classe trabalhadora pelo fato de que corresponde mais plenamente tanto ao ideal da relação futura entre os sexos quanto às obrigações mútuas da comunidade e do indivíduo que devem ser subjacentes a um sistema social construído sobre um princípio de trabalho diferente. Ao formular as medidas sociais destinadas a proteger a maternidade, a classe trabalhadora organizada deve agir sob a base deste ideal objetivo final, que promete resolver plenamente o problema da maternidade. Essa proposta e esse ideal fundamentais devem servir também de critério quando a socialdemocracia precisa escolher entre diferentes sistemas de seguro-maternidade.

Entretanto, para escolher corretamente entre estas formas de seguro-maternidade, deve-se examinar cuidadosamente o terceiro dos pontos de vista citados anteriormente, para julgar até que ponto ele corresponde, de fato, ao plano geral para o desenvolvimento futuro da sociedade e aos ideais socialistas que lhe seguem.

Essa visão do seguro-maternidade, que o vê como uma medida para aliviar o fardo da maternidade para a mulher da classe trabalhadora e, ao mesmo tempo, como uma medida incentivando a transferência da preocupação com a nova geração de indivíduos privados (pais) para a comunidade, só é aceitável se admitimos que a forma atual da família inevitavelmente entrará em colapso e se desintegrará no curso da futura evolução histórica da sociedade. Enquanto a família era forte, estável, viável, enquanto a mulher vivia e trabalhava exclusivamente dentro da família, a questão de proteger e sustentar a maternidade não poderia surgir.

O problema da maternidade é fruto da produção capitalista em larga escala, assim como uma série de outros males sociais urgentes que, juntos, compõem a questão social que a sociedade moderna enfrenta. O problema da maternidade surgiu com o problema do trabalho, existe desde que as mulheres dos estratos desfavorecidos da sociedade foram obrigadas a arrancar a criança do peito e levar seu trabalho para o mercado.

A formidável evolução das relações econômicas que, nos últimos cem anos, derrubou todos os fundamentos das relações socioeconômicas anteriores, afetou diretamente a organização da família e provocou a desintegração de suas formas anteriores. A família, tal como chegou até nós, foi baseada em princípios econômicos específicos. Ela tinha por base as relações de produção que, naquela época, ligavam os membros de uma família mais firmemente do que os laços de sangue mais próximos. Na época em que a família era uma unidade econômica, a menor unidade econômica da comunidade e não apenas um consumidor, mas também um produtor, uma unidade criativa, a família (*gens*) era capaz, graças ao uso conjunto do que era então o principal instrumento de produção – a terra – de produzir tudo o que era necessário para seus membros; o cuidado com os jovens, seu apoio material, sua educação e sua formação faziam parte de suas obrigações naturais e inalienáveis. Para prosperar (tanto econômica quanto socialmente), a família necessitava de novos membros, um fluxo constante de mão de obra fresca. Não é surpreendente, portanto, que a responsabilidade pela nova geração recaísse, então, sobre a família, e que essa última carregasse sozinha todo o fardo do suporte e da educação da jovem geração.

Hoje, porém, quando a família como unidade social específica não tem funções de produção dentro da ordem burguesa, com sua divisão de trabalho generalizada e seu princípio de produção individualista, não há mais argumentos positivos que possam justificar deixar toda a responsabilidade pela nova geração a esta unidade privada.

A família da vida tribal, a família como unidade produtiva que fornece a seus membros todos os elementos essenciais da vida, entrou para a história. Hoje em dia, não apenas os pais, mas cada vez mais as mães também trabalham não dentro e para a família, mas fora dela, no mercado e para ele, servindo, com seu trabalho, não a seus parentes de sangue, mas a estranhos que são consumidores no mercado das mercadorias. O constante fluxo de mão de obra nova, necessária para assegurar o desenvolvimento das forças produtivas, não é mais indispensável à família, a uma pequena unidade privada fechada em si própria, mas ao conjunto da coletividade social.

Logicamente, poderia parecer que a responsabilidade pela nova geração recai sobre essa unidade econômica, sobre esse coletivo social que precisa daquela geração para sua própria existência futura. Uma vez que a família tenha realmente deixado de existir como unidade econômica, uma vez que tenha deixado de exigir um fluxo renovado de mão de obra, uma vez que o adulto receba o que precisa para viver não da família, mas da comunidade mais ampla, o cuidado das crianças pequenas e das mães que as dão à luz também deveria ser responsabilidade desta comunidade.

Tal argumento, porém, só é aceitável para uma sociedade que se preocupa verdadeiramente em cuidar dos interesses do conjunto do "todo" a ela confiado... Em contrapartida, as autoridades estatais atuais, que servem apenas aos interesses dos monopolistas, procuram usar a força de trabalho pronta para ser empregada ao mesmo tempo que se libertam de toda responsabilidade pela vida das crianças e das mães, preferindo impor à família privada individual aquelas obrigações que ela suportou durante um estágio anterior do desenvolvimento econômico da humanidade. Tal estado de coisas, inapropriado e contraditório, só podia surgir historicamente, mas a história é chamada a corrigir esta situação irracional ao aumentar gradualmente a preocupação comunitária com o destino das crianças e de suas mães.

A desconsideração e a indiferença demonstradas pela sociedade moderna em relação a essa importante questão do destino das mães e das crianças aparecerão como uma grosseira negligência para as gerações futuras. Nos dias de hoje, não nos surpreende que o Estado assuma a responsabilidade pelos doentes, pelos deficientes, pelos alienados, que construa escolas e universidades e mantenha bibliotecas públicas e museus. Ao contrário, ficaríamos espantados se as autoridades públicas declarassem subitamente que a educação e a formação dos jovens não seria um assunto do Estado, mas da família, apontando para o fato de que antigamente, na vida tribal, todos os conhecimentos adquiridos por um homem vinham do seio da unidade familiar autônoma. As pessoas do futuro não ficarão menos espantadas com a presente afirmação comum de que a preocupação com o destino da mãe e do filho não é uma obrigação da comunidade.

Se o Estado achar vantajoso assumir a responsabilidade pela criação e educação da juventude, certamente deverá encarar como ainda mais importante salvar as centenas de milhares (e na Rússia mais de 1 milhão) de crianças que morrem em resultado de uma proteção inadequada e da total ausência de provisões para a maternidade. Afinal, estas centenas de milhares de crianças constituem não apenas os futuros produtores, mas também os futuros contribuintes tão desejados pelo "Estado" e, além disso, seus possíveis recrutas!

A tentativa de preservar as antigas obrigações da família com base em sua forma ultrapassada tem as consequências mais lamentáveis e prejudiciais para os interesses do conjunto da sociedade: leva à deliberada redução da taxa de natalidade e aumenta a mortalidade infantil.[3] Uma vez que o peso da responsabilidade pelas crianças recai sobre a família

---

[3] "O princípio de impor o peso econômico da educação das crianças sobre as famílias responsáveis por trazê-las fisicamente ao mundo", diz o Dr. Schmidt, "é tão insensato, uma ideia tão louca ... que nossos descendentes serão totalmente incapazes de entender a perspectiva de uma idade para a qual este princípio parecia normal e evidente". Dr. Kaspar Schmidt, "Die Mutterschafts-ver-sicherung als Grundlage einer mutterrechtlich-polygamischen Sexualordnung" in *Politisch-Antropologische Revue*, n. 5, 1906, S. 283. (N.A.)

individual, as famílias dos setores mais desfavorecidos da população consideram as crianças um fardo intolerável, que traz preocupações, dor e sofrimento, e acabam pensando que uma abordagem neomalthusiana parece ser a única solução. Se o trabalhador conseguiu, superando enormes dificuldades, alcançar um certo nível de segurança econômica e desenvolvimento cultural, então a única maneira de salvaguardar essa preciosa conquista ao se casar é permanecer sem filhos. Por outro lado, a falta de dispositivos relativos à maternidade, a falta da proteção necessária aos interesses da mãe, deixam a mulher inteiramente no poder daquelas relações de produção que destroem tanto ela quanto seu filho.

A ausência de provisões para milhões de mães e a falta de preocupação da sociedade com as crianças pequenas são a causa do atual conflito amargo sobre a incompatibilidade do trabalho profissional feminino e da maternidade, um conflito que está no coração de todo o problema da maternidade. Este conflito tem apenas duas soluções possíveis: 1) ou a mulher deve retornar ao lar e ser proibida de qualquer participação na vida econômica nacional; ou 2) tais medidas sociais, incluindo um seguro-maternidade abrangente e provisões para as crianças pequenas, devem ser implementadas para que a mulher possa *cumprir sua vocação natural sem abandonar suas obrigações profissionais, sem perder sua independência econômica e sem se retirar da participação ativa na luta pelos ideais de sua classe.*

Como a roda da história não pode voltar à mercê das vontades, a primeira solução deve ser descartada. Mesmo que fosse possível remover à força as mulheres de todas as esferas da vida econômica em que seu trabalho é hoje amplamente e regularmente utilizado, essas medidas seriam ainda incapazes de impedir a desintegração da família. Assim, uma mulher cujo filho seria devolvido à família já moribunda teria ainda menos meios de se proteger da privação, os cuidados e o sofrimento causados pelo fardo de inúmeros filhos do que ela tem no atual conjunto de circunstâncias transitórias.

Resta, portanto, apenas a segunda solução antecipada pela classe trabalhadora organizada. Essa solução significa que a questão do seguro deve ser abordada do ponto de vista do alívio do fardo da maternidade para as mulheres da classe trabalhadora, aumentando gradualmente a preocupação social com o destino das crianças pequenas e proporcionando uma proteção abrangente aos interesses das próprias mães. Baseando-se no padrão geral do futuro desenvolvimento histórico das relações sociais, não se pode deixar de concluir que o seguro-maternidade deve ser visto não como uma mera assistência prestada pelo desemprego temporário e inseparável do seguro de saúde, nem como uma recompensa paga às mães pelo serviço prestado ao Estado, mas como um passo adiante no processo de transferência dos cuidados da próxima geração para as mãos da comunidade, como uma das medidas que leva à emancipação feminina.

Tal abordagem da questão do seguro-maternidade decorre do próprio princípio subjacente ao movimento socialista e corresponde plenamente a essa nova moralidade na esfera das relações entre os sexos que está gradualmente tomando forma na classe trabalhadora no próprio curso da luta de classes.

As estatísticas de todos os países mostram um único e mesmo quadro: a idade em que as pessoas se casam, mesmo da classe trabalhadora, está constantemente aumentando. Anteriormente, os trabalhadores se casavam aos 20-22 anos; agora se casam aos 27-29 anos. Os baixos salários, por um lado, e as crescentes exigências culturais, por outro, não permitem que o trabalhador assuma todas as responsabilidades da vida conjugal em uma idade precoce. No entanto, nem o coração nem as necessidades fisiológicas levam em conta o tamanho do salário semanal. Resultam dessa situação "relações irregulares" e, como os romancistas o chamam, o "amor livre"; e essa livre coabitação leva a uma maternidade livre, cujo fardo total recai sobre a mulher.

A maternidade livre, o "direito de ser mãe", são palavras bonitas, e qual coração de mulher não responde a essa exigência natural? Entretanto, nas atuais circunstâncias, a "maternidade livre" é um duro direito, que não só não libera a mulher, mas é fonte de vergonha, humilhação e dependência sem fim, causa de crime e de morte... É surpreendente que em tais circunstâncias anormais a mulher faça tudo o que pode para vincular a ela o homem que é o pai do seu filho, a fim de transferir dos seus ombros a despesa do sustento da criança? Por sua vez, o homem cede, isto é, concorda com a formalização do seu relacionamento, muitas vezes não tanto por amor à mulher e à criança, mas por um senso de dever. Se não tivesse "consequências", aqueles que tinham se unido livremente se separariam em termos amigáveis para seguir seus diferentes caminhos, mas a criança existe, e o homem "culpado" considera seu dever levar a mulher ao altar a fim de compartilhar o fardo do cuidado da família.

Quantas vezes a cerimônia do casamento, mesmo dentro da classe trabalhadora, é uma missa de corpo presente entoada sobre o cadáver de sentimentos mortos... É surpreendente, então, que o medo das consequências obrigue os trabalhadores a serem cautelosos nas relações amorosas e a recorrer cada vez mais às práticas neomalthusianas.

O problema também não é resolvido quando o homem, tendo se recusado a casar, concorda em pagar pensão alimentícia à mulher que teve seu filho. A dependência econômica é sempre sentida como opressiva, pesada e humilhante. É particularmente desgastante para uma mulher trabalhadora acostumada desde sua juventude à independência econômica, mesmo se vinda por meio dos pais. Essa independência econômica baseada no trabalho transforma progressivamente a mulher em uma camarada, um membro ativo e consciente de sua classe. O fato de receber um "apoio financeiro" por parte de um companheiro de luta é tão desagradável, tão amargo que pode deformar completamente as relações mais sinceras e amigáveis, ao mesmo tempo em que reforça a dependência material da mulher em relação ao homem e viola o princípio da igualdade de todos os membros de uma mesma classe.

Quão diferentes seriam as relações entre os sexos na classe trabalhadora se a questão das "consequências" não fosse o fator determinante na decisão de se casar, e se ela não se unisse pela força em uma situação em que todo o valor da relação fosse baseado na liberdade interior. Entretanto, existe apenas uma maneira de liberar o casamento dos cálculos que se tornaram parte dele e que nada têm a ver com o amor, mas resulta das pressões impostas pela família tal como existe agora: fazer avançar o princípio da provisão geral e abrangente da maternidade.

Se a cada mulher trabalhadora fosse garantida a possibilidade de dar à luz a seu filho em condições saudáveis, com os cuidados apropriados para ela e seu filho, a possibilidade de cuidar da criança durante as primeiras semanas de sua vida, a possibilidade de alimentá-la ela mesma sem o risco de perda de salário, isso constituiria o primeiro passo para o objetivo designado. Se, além disso, o Estado e a coletividade se comprometessem a construir abrigos para mulheres grávidas e lactantes, a assegurar as consultas médicas para mãe e filho, a fornecer leite de alta qualidade e um enxoval, se houvesse uma ampla rede de creches, escolas e centros infantis onde a mãe trabalhadora pudesse deixar seu filho sem preocupações, isso seria o segundo passo para o objetivo designado.

Se a legislação social atribuísse a devida importância à proteção do trabalho feminino, estabelecesse uma jornada de trabalho mais curta, períodos de descanso para as mães lactantes e uma jornada reduzida para as mulheres mais novas, tomasse medidas para substituir métodos de produção nocivos por técnicas menos prejudiciais à fisiologia feminina, proibisse uma série de práticas de trabalho perigosas etc., isso seria o terceiro passo em direção ao fim designado.

Finalmente, se a comunidade – isto é, o Estado – garantisse às mães, durante a gravidez, o parto e o período de amamentação, uma assistência material suficiente para atender às necessidades tanto dela quanto da criança, isso seria o quarto e mais importante passo.

A classe trabalhadora enfrenta atualmente a seguinte tarefa: conseguir, em todos os lugares, a implementação dessas reformas e das medidas sociais que não só tirariam dos ombros das mulheres sobrecarregadas com o trabalho profissional a principal carga da maternidade, mas também garantiriam os cuidados necessários para o recém-nascido, salvando assim essa jovem vida, que mal começou sua jornada, das garras da morte prematura. O problema da maternidade está intimamente ligado ao destino da classe trabalhadora, e ambos os sexos, mulheres e homens, têm interesse em encontrar uma solução. As relações entre os sexos na classe trabalhadora apenas poderão ser limpas daquela sujeira burguesa que agora as macula se o conjunto da sociedade implementar o princípio de sustento racional da mãe e da proteção da criança. É somente por esse caminho que poderemos facilitar o surgimento da nova moralidade e das novas relações entre homens e mulheres exigidas pelo movimento: o aumento da camaradagem entre os dois sexos com sua total independência econômica um em relação ao outro.

De qualquer ângulo que se aborde a questão do seguro-maternidade – de um ponto de vista estritamente limitado às considerações de Estado, de um ponto de vista de classe ou do ponto de vista dos interesses da humanidade como um todo –, a conclusão permanece a mesma: o seguro-maternidade é um problema de política social que requer uma atenção imediata e deve ser desenvolvido e melhorado.

Quanto mais completa e abrangente for a solução deste problema no âmbito das modernas relações de produção, mais curto será o caminho para a nova "era" da história da humanidade...

OS PRIMEIROS PASSOS PARA A PROTEÇÃO DA MATERNIDADE (1918)[1]

A ideia de criar um Departamento de Proteção à Mãe e à Criança surgiu no fervor das batalhas de Outubro. Os princípios básicos implícitos no trabalho do departamento e os estatutos relacionados à provisão social às mães e às gestantes foram elaborados na primeira Conferência de Mulheres Trabalhadoras, logo após a Revolução de Outubro.[2]

A conferência foi convocada por minha sugestão como membro do Comitê Central, e organizamos um grupo de mulheres bolcheviques no conselho editorial da revista *Rabotnitsa*.[3] Essa primeira conferência de representantes de mulheres trabalhadoras da indústria realizada na Rússia teve

---

1 Traduzido do inglês por Talita Guglak. Fonte: *Alexandra Kollontai: Selected Articles and Speeches*, Progress Publishers, 1984 Versão revisada pela Expressão Popular do texto disponibilizado no portal Marxist.org sob licença CC BY-SA 4.0.

2 Essa é uma referência à Conferência das Mulheres Trabalhadoras de Petrogrado, realizada entre 12 e 15 de novembro de 1917. Foi a primeira conferência de trabalhadores sem partido convocada por iniciativa de uma organização bolchevique. A conferência discutiu a questão da Assembleia Constituinte, a atividade da autogestão da cidade, as tarefas do movimento das mulheres e a situação da província. (N.T.)

3 *Rabotnitsa* [Mulher Trabalhadora], uma das mais importantes revistas bolcheviques para as mulheres trabalhadoras do período, fundada por iniciativa de Lenin. Foi publicada em São Petersburgo de 23 de fevereiro (8 de março) a 26 de junho (9 de julho) de 1914; retomada em maio de 1917, continuou até janeiro de 1918. (N.T.)

a tarefa de unir as massas de mulheres trabalhadoras que abertamente inclinaram-se à revolução, apoiando os sovietes e os bolcheviques. A conferência contou com a presença de mais de 500 delegadas enviadas das fábricas e das usinas de Petrogrado. Estiveram também algumas delegadas de Moscou, Ivanovo-Voznesensk, Tula e Kaluga.

As preparações da conferência foram marcadas por um vívido entusiasmo e despertaram interesse e resposta ávidas entre as massas despertas de mulheres trabalhadoras que já tinham sua própria equipe de trabalhadoras organizadas ao redor da revista *Rabotnitsa* e de seu coração – Klavdia Nikolayeva e Konkordia Samoilova.

Na conferência, as principais reivindicações das mulheres trabalhadoras bolcheviques foram apresentadas e adotadas. Entre essas reivindicações, destacava-se a questão da proteção e provisão à maternidade. Em um prédio modesto em algum lugar da Rua Bolotnaya, exatamente em meio à Revolução de Outubro, quando ainda os acessos a Petrogrado não tinham sido completamente desobstruídos das tropas do Governo Provisório, quando alguma coisa semelhante a um autoproclamado governo de mencheviques e revolucionários socialistas ainda estava sentado na Duma[4] da cidade de Petrogrado, mulheres trabalhadoras estavam engajadas em entusiasmadas e proveitosas discussões sobre as medidas que deveriam ser imediatamente introduzidas pelo governo soviético a fim de proteger as mães trabalhadoras e seus bebês.

Em 6 de novembro de 1917, fiz um discurso sobre a proteção da maternidade como membro do Comitê Central do Partido e secretária do grupo líder de mulheres trabalhadoras. Minhas teses foram tomadas como base para a discussão. As

[4] Nome do parlamento russo anterior ao regime bolchevique. (N.O.)

mulheres trabalhadoras presentes na conferência ouviram meu relatório com grande interesse e participaram de forma ativa das discussões e da elaboração destas. Essas teses foram então divulgadas "como diretrizes" ao Comissariado do Povo para o Bem-Estar Social e ao Comissariado do Povo para o Trabalho, que então incluía o Departamento de Previdência Social.

Se a legislação então em vigor de proteção e provisão à maternidade for comparada a essas teses adotadas na primeira Conferência de Mulheres Trabalhadoras, fica claro que foram justamente as aspirações expressadas na conferência que serviram de base à legislação soviética nessa área.

Deve-se notar, deste modo, que a iniciativa sobre a questão de proteção e provisão à mãe e à criança partiu das próprias mulheres trabalhadoras. À época, muito poucas mulheres trabalhadoras participavam ativamente dos sovietes. No entanto, desde os primeiros dias do poder soviético, mulheres trabalhadoras foram capazes de contribuir de forma construtiva ao trabalho dos sovietes no que diz respeito a aliviar o fardo da maternidade às mulheres.

As medidas de proteção e provisão à maternidade foram realizadas nos primeiros meses do governo soviético por dois Comissariados do Povo: o Comissariado do Povo para o Bem-Estar Social e o Comissariado do Povo para o Trabalho. Este último elaborou uma série de estatutos na esfera da legislação social, e o primeiro foi instituído para realizar as medidas destinadas às mães.

A primeira preocupação do Comissariado do Povo para o Bem-Estar Social era manter e reconstruir os enormes lares para crianças em Petrogrado e Moscou, a fim de converter essas "fábricas de anjos" em lares para mães e filhos.

O Comissariado do Povo também assumiu o controle de todas as creches, consultórios e lares de crianças (muito poucos em número) que tinham sido fundados antes da Revolução por organizações de caridade.

A fim de tomar posse dessas instituições e coordená-las de acordo com a política soviética, o Comissariado do Povo para o Bem-Estar Social teve primeiro de formar uma seção de investigação social cujos membros incluíam um grande número de mulheres trabalhadoras de fábricas e de usinas. Sua primeira tarefa foi investigar todas as instituições cujo trabalho era relacionado à proteção da mãe e da criança, e lidar com a sabotagem aberta por parte de seus funcionários e administradores.

Em dezembro de 1917, ou seja, seis semanas após o poder ser transferido para as mãos do proletariado, ficou claro que o Comissariado do Povo precisava de um centro especial para supervisionar o trabalho feito na esfera de proteção à mãe e à criança para fazer frente à crescente demanda e carga de trabalho.

Em 31 de dezembro de 1917, o Comissariado do Povo emitiu um decreto sobre a criação de um conselho cuja tarefa era criar um Departamento de Proteção à Mãe e à Criança. O doutor Korolyov foi nomeado chefe do departamento, ao passo que o presidente do conselho era o Comissário do Povo para o Bem-Estar Social.

O governo soviético é o primeiro governo no mundo a reconhecer oficial e legalmente a maternidade como uma das funções sociais das mulheres e, baseando-se no fato de que em uma república de trabalhadores, mulheres sempre terão essa obrigação laboral em específico diante da sociedade (ou seja, obrigação de gerar e criar filhos), abordou o problema de respaldo à maternidade sob esse novo ponto de vista.

Durante os primeiros meses do poder soviético, o Comissariado do Povo concentrou-se na organização e reorganização das instituições que poderiam ajudar a amenizar o fardo da maternidade e combater a alta taxa de mortalidade infantil.

Com o decreto de 20 de janeiro de 1918, o Comissariado do Povo para o Bem-Estar Social começou a estruturar e a reorganizar maternidades. O decreto determinou que todas as maternidades e todos os centros, as clínicas e os institutos de ginecologia e obstetrícia fossem transferidos para o Departamento de Proteção à Mãe e à Criança. O decreto também determinou que os serviços médicos para gestantes fossem organizados baseados em três novos princípios:

1. Que a assistência médica fosse disponível a todas as mães necessitadas, ou seja, que as portas das maternidades fossem abertas principalmente às camadas mais pobres da população feminina – as operárias, as camponesas e as trabalhadoras de escritório.
2. Que aos médicos seja pago um salário estatal a fim de abolir as vantagens de mulheres mais ricas capazes de pagar ao médico por seus serviços, dessa forma acabando com a desigualdade entre gestantes pobres e ricas e mães lactantes.
3. Que as gestantes e as mães lactantes, em particular as pobres, sejam protegidas contra uma visão que as via como "sacrifícios da ciência", em que parteiras inexperientes e estudantes jovens adquiriam prática.

Ninguém, ressaltou o decreto, tem o direito de ver uma mulher cumprindo seu sagrado, mas doloroso, dever cívico da maternidade como um "sacrifício da ciência". O decreto também substituiu o curso de obstetrícia de um ano para cursos de dois anos, e as parteiras estagiárias foram autorizadas a auxiliar em partos somente no segundo ano.

O próximo passo tomado pelo conselho de proteção à maternidade e à criança foi reunir em uma organização estadual todas as instituições que cuidam da mãe e da criança nos períodos de pré e pós-natal, e todas as instituições envolvidas com cuidado infantil, de lares para crianças à creche. Um decreto emitido pelo Comissariado do Povo em 31 de janeiro de 1918 instruiu o Departamento de Proteção à Mãe e à Criança a criar uma rede de instituições que traria à República Soviética cidadãos fortes e saudáveis, espiritual e fisicamente. Esse mesmo decreto também ordenou a criação de um modelo de Palácio da Maternidade e a conversão de todas as maternidades e lares para crianças em Moscou e Petrogrado em uma instituição geral a ser conhecida como "O Instituto de Crianças de Moscou" e "O Instituto de Crianças de Petrogrado". Os Lares de Crianças foram renomeados como Palácios das Crianças Pequenas.

A crescente meta da atividade desenvolvida pelo Departamento de Proteção à Mãe e à Criança, e a resposta entusiasmada que esta atividade suscitou entre as mulheres trabalhadoras obrigou o Comissariado do Povo a aumentar a composição do conselho à proteção da maternidade para incluir representantes, homens e mulheres, dos sindicatos, seguros de saúde, sovietes do distrito de Petrogrado e o conselho editorial da revista *Rabotnitsa*.

Pelo decreto de 31 de janeiro, o conselho foi reorganizado em uma comissão, cuja atividade era seguir três objetivos básicos:

1. Proteção à criança, ou seja, redução da mortalidade infantil.
2. A educação da criança em uma atmosfera correspondente ao amplo conceito de família socialista (a organização de lares para mães e bebês, difundindo as bases da educação social desde os primeiros dias de vida da criança).

3. A criação de um ambiente saudável em que a criança possa se desenvolver física e espiritualmente.

Em janeiro de 1918, antes que o decreto fosse publicado, o Departamento de Proteção à Mãe e à Criança organizou um Palácio de Proteção Materno-Infantil, que era composto por: um Palácio de Crianças Pequenas (antigo Lar para Crianças) e um Palácio da Maternidade (antigo Instituto Clínico de Obstetrícia e Ginecologia em Petrogrado). De acordo com os planos traçados pela Comissão de Proteção à Mãe e à Criança e do Departamento, o Palácio de Proteção Materno-Infantil incluiria um museu dedicado à proteção da mãe e da criança (uma ideia que seria executada de forma brilhante por V.P. Lebedeva, em forma de uma exibição sobre proteção materno-infantil), creches modelos, consultórios, um lactário para bebês, um centro de acolhimento infantil [...]. O antigo Instituto Nikolayevsky, considerado, com distinção, adequado ao propósito, foi escolhido para acolher o novo Palácio [...].

III. AS MULHERES E A TRANSIÇÃO AO SOCIALISMO

Renata Couto Moreira

O debate sobre a mulher e o socialismo passou por vários pontos na obra de Kollontai, das questões da participação política e econômica às de cunho mais pessoal. Comentamos aqui o debate que se dá após a revolução de 1917, com a possibilidade de implementar experiências concretas de transição para uma sociedade sem classes. Um momento de grandes mudanças e conquistas para as mulheres, com destaque para a legalização do aborto, do divórcio, entre outras pautas tão importantes para o movimento de libertação feminista. Nesse contexto, nossa autora discursa a favor da aprovação da lei para o aborto, encontrando apoio nos camaradas Lenin e Trostky, sempre presentes. Reflete ainda sobre como "toda a existência da família proletária se modifica e se organiza de uma forma tão nova, tão fora do comum, tão estranha, como nunca podemos imaginar". Esse movimento se expressa ainda no divórcio autorizado dentro do processo de uma semana. Trata-se de um período de grandes mudanças já após a revolução, portanto de grandes mudanças estruturais, inclusive na configuração da família.

A autora abre defesa às mudanças na família para a constituição de uma sociedade comunista, dentre as quais o matrimônio. Além de não ser uma união indissolúvel graças à aprovação do divórcio enquanto lei, também passa a contribuir com a construção da igualdade entre homens e mulheres, uma vez que o Estado comunista proveria toda uma sorte de serviços, como lavanderias, restaurantes e creches. A autora cita o exemplo do que foi implantado na Rússia nesse período:

> Já existem casas para as crianças em fase de amamentação, creches, jardins de infância, colônias e lares para crianças, enfermarias e postos de saúde para os doentes ou que precisam de cuidado especial, restaurantes, refeitórios gratuitos para os estudantes nas escolas, livros de estudo gratuitos, roupas e calçado para as crianças dos estabelecimentos de ensino.

A luta pela transformação social defendida por Kollontai em sua obra deste período passa, nesse sentido, pelo fortalecimento das bases do comunismo e do modo de organização da produção e da própria sociedade no plano objetivo e, no subjetivo, pela formação de uma nova moral comunista. Com mudanças significativas no papel da mulher na atividade produtiva, ampliação do senso de coletividade e solidariedade entre os seres, este momento implicou ao mesmo tempo revolucionar as relações sexuais e as do trabalho coletivo, apresentadas na bela articulação de ideias que nossa autora estabelece de forma impecável e coerente nos três textos selecionados deste período: "Às trabalhadoras", de 1918; "O comunismo e a família", de 1920; e "A prostituição e as maneiras de combatê-la", de 1921.

Mantendo um forte compromisso com o método científico do materialismo histórico dialético e a perspectiva da classe trabalhadora, Kollontai, no primeiro texto, escreve diretamente às mulheres trabalhadoras questionando suas condições de vida dentro da reprodução dos valores da sociedade burguesa. Assim, a submissão da mulher nas relações de trabalho e na família foram analisadas à época como formas adequadas para manter a dominação de uma classe sobre a outra. Infelizmente, apesar das conquistas das mulheres ao longo dos séculos XX e XXI, a reprodução das opressões, seja no âmbito público, seja no privado, permanece como desafio atual na revolução das relações de produção e de gênero (Moreira, 2022). A obra de Kollontai expressa, destarte, dilemas das mulheres trabalhadoras de sua e da nossa época e, portanto, nos presenteia com uma grande contribuição para uma crítica profunda ao individualismo, à competição e à solidão típicos do capitalismo. Evidencia uma moral que transforma e enaltece a propriedade privada em todas as relações, inclusive na relação entre a mulher e o homem, de forma a alimentar uma profunda desigualdade entre os sexos.

A crítica central de Kollontai ataca o modelo de família burguesa e denuncia de forma contundente a monogamia colocada na perspectiva do amor como propriedade, fundado na ideia da posse completa sobre o outro e na conformação das várias opressões que daí surgem. Nesse sentido, a crítica à família burguesa e a construção de novas relações sexuais e formas de amor são apontadas como fator psicossocial importante para uma nova sociedade comunista (Martinez, 2010). Ao levantar a questão da família atrelada à crise sexual e ao amor, Kollontai, no segundo texto, aprofunda sua crítica ao sistema de consolidação da opressão das mulheres justamente com a separação entre a vida privada e a pública. A separação das mulheres e sua inferiorização no mundo da produção, da cultura e da política apresentam-se na base de sua subordinação aos homens nas relações de gênero. Situação essa que não se resolveu com o ingresso das mulheres no trabalho assalariado, como já observado por Kollontai há mais de um século.

A autora já escrevia sobre a tendência de, em vez de independência econômica, um aumento do grau de exploração com os menores salários e instabilidade na contratação das mulheres (Martinez, 2010). Além disso, já evidenciava a dupla jornada das tarefas domésticas e de cuidados que continuavam, e continuam, caindo inteiramente sobre as mulheres, o que denotou acertadamente da "escravidão familiar". As mudanças ocorridas na configuração da família no capitalismo, destacadas entre as principais mudanças a diminuição do número de tarefas, foi fruto da expansão da indústria. Tarefas como a de tecer os próprios tecidos, fazer as próprias velas e conservas de alimentos deixaram de ser parte das tarefas das mulheres que podiam alcançar esses serviços. Entretanto, outra mudança provocada pelo capitalismo foi a necessidade da mulher ter que trabalhar fora. Isso impactou diretamente a quantidade de trabalho das mulheres e tornou a criação dos filhos uma tarefa negligenciada.

A submissão da mulher também estabelece nexos com a relação de prostituição, tratada como uma crítica social decisiva e surpreendente no terceiro texto. Kollontai associa a reprodução da prostituição dentro da dinâmica da prosperidade do capital e da propriedade privada como a forma adequada para a existência e reprodução da família burguesa. Casamento e prostituição andam de mãos dadas na dialética da sociedade de classes, na reflexão da autora, ambos submetidos ao direito sublime à propriedade privada. O casamento está comprometido pela lógica da propriedade pois é por meio da submissão sexual da mulher na monogamia que esta garante suas condições de vida e o reconhecimento de seus filhos como herdeiros legítimos. Assim, a condição da mulher dentro do casamento na forma da família burguesa é vista também como uma forma de prostituição, porém aberta e legal, uma vez que a mulher continua submetida a uma relação de troca em que entrega favores sexuais por benefícios materiais. A prostituição, por sua vez velada e imoral, também segue a lógica da propriedade, uma vez que sujeita o próprio corpo da mulher trabalhadora à exploração sexual, já que sua renda, quando existente, fica mantida num limiar mínimo e insuficiente para a reprodução da sua própria vida. Assim, o debate da prostituição sai da esfera moral da ciência burguesa, que encontrava explicação na "depravação inata de determinadas mulheres", e é levado pela autora para a esfera econômica da ciência marxista da condição da mulher na luta de classes e sua dependência ao homem, dentro e fora do casamento. Lutar contra a prostituição significa portanto, *naquele contexto*, lutar contra as condições econômicas e sociais que levam as mulheres, casadas ou solteiras, a venderem seus corpos por benefícios materiais.

Kollontai nestes textos nos brinda com uma rigorosa reflexão em torno da condição da mulher na sociedade capitalista e na transição a uma sociedade socialista. Em sua elaboração do socialismo científico, a relação entre sexos deve ser transformada em uma relação livre da propriedade privada de um ser sobre o outro, alcançando o desenvolvimento da igualdade e solidariedade por todas as relações, e respeitando as múltiplas formas de amar. Assim, a crise sexual da humanidade surge maior que uma questão econômica. De fato Kollontai acrescenta elementos subjetivos da psicologia das mulheres e dos homens que necessitam de uma verdadeira revolução nas relações afetivas. E, nesse sentido, via a mulher trabalhadora como nova força de transformação da sociedade. A nova mulher que Kollontai invoca afirma sua individualidade no gozo da sua sexualidade e do amor. Em vez de colocar o centro de gravidade de sua vida no amor aos homens, põe foco no trabalho e nos seus projetos. Sua obra nos provoca a pensar a centralidade da questão da família, da sexualidade e do amor para a luta de classes atual.

Tratando de temas como a maternidade, a família, o amor e a construção de uma nova mulher e de uma nova moral sexual, Kollontai nos mostra que essas questões não são secundárias na luta pela construção de uma nova sociedade. Ao contrário, a autora nos mostra que, para se construir uma sociedade comunista, é preciso revolucionar também os afetos, pois o modelo de amor e de família burgueses, individualistas e possessivos, não são compatíveis com a sociedade que queremos construir. E desse modo, aponta Kollontai, em uma sociedade comunista, mulher e homem devem ter direitos iguais. Sem essa igualdade, não há comunismo. O que reforça esse debate com o qual ainda nos deparamos na construção da revolução socialista no século XXI (Moreira, 2022), disfarçado de novas formas para esconder antigas questões, e que se desdobra na compreensão atual do movimento de mulheres trabalhadoras, de que "sem feminismo, não há socialismo!".

Referências

MARTINEZ, Josefina L., "Alexandra Kollontai". *In: Revolucionarias*. Madrid: Lengua de Trapo, 2018.

MOREIRA, R. C. Feminismo e revolução socialista na América Latina. *In:* MOREIRA, R. C.; MENDONÇA, L.J. (Orgs.) *Dependência, questão agrária e mudanças sociais na América Latina*. São Paulo: Expressão Popular, 2022.

ÀS TRABALHADORAS (TRECHO) (1918)[1]

Camaradas trabalhadoras! Por longos séculos, a mulher não teve liberdade e direitos, pois era tratada como um mero apêndice, como a sombra do homem. O marido sustentava a esposa, e em troca ela se curvava ao seu arbítrio, suportando quieta a falta de justiça e a servidão familiar e doméstica. A Revolução de Outubro emancipou a mulher: hoje, as camponesas têm os mesmos direitos que os camponeses, e as operárias, os mesmos que os operários. Em todo lugar, a mulher pode votar, ser membro dos sovietes ou comissária, e até comissária do povo. A lei equipara a mulher em direitos, mas a realidade ainda não a libertou: as operárias e camponesas continuam subjugadas ao trabalho doméstico, como escravas dentro da própria família. Os operários devem agora cuidar para que a realidade tire dos ombros delas o fardo da lida com os filhos e alivie às operárias e camponesas o peso dos serviços de casa. A classe operária também está interessada em liberar a mulher nessas esferas. Os operários devem entender que a mulher é tão integrada à família do proletariado quanto eles próprios, pois ela trabalha sob as mesmas condições que o homem.

[1] Traduzido do russo por Erick Fishuk. Fonte: *Sobre Lenin*. Moscou: Pravda, 1970. Título original: "K rabotnitsam". Versão revisada pela Expressão Popular do texto disponibilizado no portal Marxist.org, sob licença CCBY-SA 3.0.

Um terço de todas as riquezas da Terra surge das mãos das mulheres; a Europa e a América somam 70 milhões de operárias. Em uma sociedade comunista, mulher e homem devem ter direitos iguais! Sem essa igualdade, não há comunismo. Então, mãos à obra, camaradas trabalhadoras! Iniciem sua emancipação! Construam creches e maternidades, ajudem os sovietes a organizar refeitórios públicos, ajudem o Partido Comunista a edificar uma nova e radiante realidade. Tomem lugar nas fileiras de todos os que lutam pela libertação dos trabalhadores, pela igualdade, pela liberdade e pela felicidade dos filhos de vocês. Tomem lugar, operárias e camponesas, sob a bandeira vermelha revolucionária do vitorioso comunismo mundial!

O COMUNISMO E A FAMÍLIA (1920)[1]

A mulher já não depende do homem

Se manterá a família em um Estado comunista? Persistirá na mesma forma atual? São estas questões que atormentam, nesse momento, a mulher trabalhadora e seus companheiros, os homens.

Não devemos estranhar que, nesses últimos tempos, este problema perturbe a mente das mulheres trabalhadoras. A vida muda continuamente diante de nossos olhos; antigos hábitos e costumes desaparecem pouco a pouco. Toda a existência da família proletária se modifica e se organiza de uma forma tão nova, tão fora do comum, tão estranha, como nunca podemos imaginar.

E uma das coisas que mais causa perplexidade na mulher, nesses momentos, é a maneira como foi facilitado o divórcio na Rússia.

De fato, em virtude do decreto do Comissário do Povo de 18 de dezembro de 1917, o divórcio deixou de ser um privilégio acessível somente aos ricos; de agora em diante, a mulher trabalhadora não terá que esperar meses e, inclusive, até anos

---

[1] Traduzido do espanhol por Carlos Henrique. Fonte: Editorial Marxista, Barcelona, 1937. Texto revisado a partir da versão disponibilizada em português no portal Marxist.org, sob licença CCBY-SA 3.0.

para que seja julgado seu pedido de separação matrimonial que dê a ela o direito de separar-se de um marido alcoólatra ou violento, acostumado a espancá-la. De agora em diante, poderá se obter o divórcio amigavelmente dentro do período de uma ou duas semanas, no máximo.

Porém, é precisamente esta facilidade para obter o divórcio, fonte de tantas esperanças para as mulheres que são desgraçadas em seu matrimônio, o que assusta outras mulheres, particularmente aquelas que consideram o marido como o "provedor" da família, como o único sustento da vida, a essas mulheres que não compreendem que *devem acostumar-se a buscar e a encontrar esse sustento em outro lugar, não na pessoa do homem, mas sim na pessoa da sociedade, do Estado.*

Da família gentílica aos nossos dias

Não há nenhuma razão para nos enganarmos: a família normal dos tempos passados, na qual o homem era tudo e a mulher era nada – posto que não tinha vontade própria, nem dinheiro próprio, nem tempo do qual dispor livremente –, este tipo de família sofre modificações dia a dia, e atualmente é quase uma coisa do passado, o que não deve nos assustar.

Seja por erro ou ignorância, estamos dispostos a crer que tudo o que nos rodeia deve permanecer imutável, enquanto tudo o mais muda. *Sempre foi assim e sempre será.* Esta afirmação é um erro profundo.

Para nos dar conta de sua falsidade, não precisamos mais que estudar como viviam os povos do passado e, imediatamente, vemos como tudo está sujeito à mudança e como não há costumes, nem organizações políticas, nem moral que permaneçam fixas e invioláveis.

Assim, portanto, a família tem mudado frequentemente de forma nas diversas épocas da vida da humanidade.

Houve épocas em que a família foi completamente diferente de como estamos acostumados a admiti-la. Houve um tempo em que a única forma de família que se considerava normal era a chamada família *genética*,[2] ou seja, aquela em que a cabeça da família era a *mãe-anciã*, em torno da qual se agrupavam, na vida e no trabalho comum, os filhos, netos e bisnetos.

A família *patriarcal* foi, em outros tempos, considerada também como a única forma possível de família, presidida pelo *pai-amo*, cuja vontade era lei para todos os demais membros da família. Ainda em nossos tempos é possível encontrar, nas aldeias russas, famílias camponesas deste tipo. Na realidade, podemos afirmar que, nesses locais, a moral e as leis que regem a vida familiar são completamente diferentes das que regulamentam a vida da família do operário da cidade. No campo existem, todavia, grande número de costumes que já não é possível encontrar na família da cidade proletária.

O tipo de família, seus costumes etc., variam segundo os povos. Há povos, como por exemplo os turcos, árabes e persas, entre os quais a lei autoriza o marido a ter várias mulheres. Existiram e ainda existem tribos que toleram o costume contrário, quer dizer, que a mulher tenha vários maridos.

A moral a serviço do homem atual o autoriza exigir das jovens a virgindade até seu casamento legítimo. Porém, não obstante, há tribos em que ocorre o contrário: a mulher tem orgulho de ter tido muitos amantes e enfeita braços e pernas com braceletes que indicam o número...

---

2 Kollontai retoma essa ideia das pesquisas do antropólogo Lewis Henry Morgan, utilizadas por Engels no seu livro pioneiro sobre *A origem da família, da propriedade privada e do Estado,* que enfatizam a existência, em outros tipos de sociedades não estruturadas pela propriedade privada, de relações estruturadas da ascendência feminina. (N.O.)

Diversos costumes, que a nós nos surpreendem, hábitos que podemos, inclusive, qualificar de imorais, outros povos os praticam, como a sanção *divina*, enquanto, por sua parte, qualificam de "pecaminosos" muitos de nossos costumes e leis.

Portanto, não há nenhuma razão para que nos aterrorizemos diante do fato de que a família sofra uma mudança, porque gradualmente se descartam vestígios do passado vividos até agora, nem porque se implantam novas relações entre o homem e a mulher. Não temos mais que nos perguntar: "o que morreu em nosso velho sistema familiar e que relações há entre o homem trabalhador e a mulher trabalhadora, entre o camponês e a camponesa?"

Quais de seus respectivos direitos e deveres se encaixam melhor nas condições de vida da nova Rússia? Tudo o que seja compatível com o novo estado de coisas se manterá; o restante, toda essa bagagem antiquada que herdamos da maldita época de servidão e dominação, que era a característica dos latifundiários e capitalistas, tudo isso terá que ser varrido com a classe exploradora, com esses inimigos do proletariado e dos pobres.

O capitalismo destruiu a velha vida familiar

A família, em sua forma atual, não é mais que uma das tantas heranças do passado. Solidamente unida, compacta em si mesma em seus começos, e indissolúvel – tal era o caráter do matrimônio santificado pelo cura –, a família era igualmente necessária para cada um de seus membros. Porque quem trataria de criar, vestir e educar os filhos se não fosse a família? Quem os guiaria na vida? Triste sorte a dos órfãos naqueles tempos; era o pior destino que alguém poderia ter.

No tipo de família a que estamos acostumados, o marido é quem ganha o sustento, quem mantém a mulher e os filhos.

A mulher, por sua parte, se ocupa dos afazeres domésticos e de criar os filhos.

Porém, desde há um século, esta forma corrente de família experimentou uma destruição progressiva em todos os países do mundo, nos que o capitalismo domina, naqueles países em que o número de fábricas cresce rapidamente com outras empresas capitalistas que empregam trabalhadores.

Os costumes e a moral familiar se formam simultaneamente como consequência das condições gerais da vida que rodeia a família. O que mais contribuiu para que se modificassem os costumes familiares de uma maneira radical foi, indiscutivelmente, a enorme expansão que adquiriu por toda parte o trabalho assalariado da mulher. Anteriormente, o homem era a única possibilidade de sustento da família. Porém, desde os últimos 50 ou 60 anos, temos visto na Rússia (e antes, em outros países) que o regime capitalista obriga as mulheres a buscar trabalho remunerado fora da família, fora de casa.

Trinta milhões de mulheres suportam uma carga dupla

Como o salário do homem, *sustento da família*, era insuficiente para cobrir as necessidades desta, a mulher se viu obrigada a procurar trabalho remunerado; a mãe teve que ir também à porta da fábrica. Ano a ano, dia a dia, foi crescendo o número de mulheres pertencentes à classe trabalhadora que abandonavam suas casas para engrossar as fileiras das fábricas, trabalhando como operárias, vendedoras, balconistas, lavadeiras ou empregadas.

Segundo cálculos de antes da Primeira Grande Guerra, nos países da Europa e América chegava a 60 milhões o número de mulheres que ganhavam a vida com seu trabalho. Durante a guerra, esse número aumentou consideravelmente.

A imensa maioria dessas mulheres estavam casadas; fácil é imaginarmos a vida familiar que podiam desfrutar. Que vida familiar pode existir onde a esposa e mãe estão fora de casa durante oito horas diárias, dez, melhor dizendo (contando a viagem de ida e volta)? A casa fica, necessariamente, descuidada; os filhos crescem sem nenhum cuidado maternal, abandonados a si mesmo em meio aos perigos da rua, na qual passam a maior parte do tempo.

A mulher casada, a mãe que é operária, transpira sangue para cumprir com três tarefas que pesam ao mesmo tempo sobre ela: dispor das horas necessárias para o trabalho, o mesmo que faz seu marido em alguma indústria ou estabelecimento comercial; dedicar-se depois, da melhor forma possível, aos afazeres domésticos e, por último, cuidar de seus filhos.

O capitalismo colocou sobre os ombros da mulher trabalhadora um fardo que a esmaga; a converteu em operária, sem aliviá-la de seus cuidados de dona de casa e mãe.

Portanto, a mulher se esgota como consequência dessa tripla e insuportável carga, que com frequência expressa com gritos de dor e lágrimas.

Os cuidados e as preocupações sempre foram o destino da mulher; porém sua vida nunca foi mais desgraçada, mais desesperada que sob o sistema capitalista, logo quando a indústria atravessa um período de máxima expansão. [...]

A família como união de afetos e camaradagem

Há algo que não se pode negar, o fato de que há chegado a hora do velho tipo de família. A culpa disso não é do comunismo: é o resultado da mudança experimentada pelas condições de vida. *A família deixou de ser uma necessidade para o Estado como ocorria no passado.*

Ao contrário, resulta em algo mais do que inútil, posto que sem necessidade impede que as mulheres trabalhadoras possam realizar um trabalho muito mais produtivo e muito mais importante. Tampouco é necessária a família aos seus membros, posto que a tarefa de criar os filhos, que antes lhe pertencia por completo, passa cada vez mais às mãos da coletividade.

Sobre as ruínas da velha vida familiar, veremos em breve ressurgir uma nova forma de família que supõe relações completamente diferentes entre o homem e a mulher, baseadas em *uma união de afetos e camaradagem, em uma união de duas pessoas iguais na sociedade comunista, as duas livres, as duas independentes, as duas operárias.* Chega de "servidão" doméstica para a mulher! Chega de desigualdade no seio da família! Chega de medo por parte da esposa de ficar sem apoio e ajuda se o marido a deixar!

A mulher, na sociedade comunista, não dependerá de seu marido; seus robustos braços serão o que proporcionará a ela seu sustento. Se acabará a incerteza sobre a sorte dos filhos. O Estado comunista assumirá todas essas responsabilidades. O matrimônio ficará purificado de todos os seus elementos materiais, de todos os cálculos de dinheiro que constituem a repugnante mancha da vida familiar de nosso tempo. O matrimônio se transformará de agora em diante na união sublime de duas almas que se amam, que se professem fé mútua. Uma união desse tipo promete a todo operário, a toda operária, a mais completa felicidade, o máximo de satisfação que pode caber a criaturas conscientes de si mesmas e da vida que as rodeia.

Esta *união livre*, forte no sentimento de camaradagem em que está inspirada, *em vez de escravidão conjugal do passado, é o que a sociedade comunista de amanhã oferecerá a homens e mulheres.*

Uma vez que tenham sido transformadas as condições de trabalho, uma vez que se tenha aumentado a segurança material da mulher trabalhadora, uma vez que tenha desaparecido o matrimônio tal como o consagrava a Igreja – isto é, o chamado matrimônio indissolúvel, que no fundo não era mais que uma mera fraude –; uma vez que esse matrimônio seja substituído pela união livre e honesta de homens e mulheres que se amam e são camaradas, haverá começado a desaparecer outra calamidade horrorosa que mancha a humanidade e cujo peso recai por inteiro sobre os ombros da mulher trabalhadora: a prostituição.

Se acabará para sempre a prostituição

Essa vergonha se deve ao sistema econômico hoje em vigor, à existência da propriedade privada. Uma vez desaparecida a propriedade privada, desaparecerá automaticamente o comércio da mulher.

Portanto, a mulher trabalhadora deve deixar de se preocupar com o fato de que a família tal como está constituída hoje está fadada ao desaparecimento. Seria muito melhor saudar com alegria a aurora de uma nova sociedade, que liberará a mulher da servidão doméstica, que aliviará o peso da maternidade para a mulher, uma sociedade em que, finalmente, veremos desaparecer a mais terrível das maldições que pesam sobre a mulher: a prostituição.

A mulher, a quem convidamos a que lute pela grande causa da liberação dos trabalhadores, precisa saber que no novo Estado não haverá motivo algum para separações mesquinhas, como ocorre agora.

> Esses são meus filhos. Eles são os únicos a quem devo toda minha atenção maternal, todo meu afeto. Esses são filhos teus; são os filhos do vizinho. Não tenho nada a ver com eles. Já tenho o bastante com os meus.

De agora em diante, a mãe operária que tenha plena consciência de sua função social, se elevará a tal extremo que chegará a não estabelecer diferenças entre "os teus e os meus"; terá que recordar sempre que, de agora em diante, não haverá mais "nossos" filhos, mas sim os do Estado comunista, um bem comum a todos os trabalhadores.

A igualdade social do homem e da mulher

O Estado dos Trabalhadores tem necessidade de uma nova forma de relação entre os sexos. O carinho estreito e exclusivista da mãe por seus filhos tem que ampliar-se até dar conta de todos os filhos da grande família proletária.

Em vez do matrimônio indissolúvel, baseado na servidão da mulher, veremos nascer a união livre fortalecida pelo amor e o respeito mútuo dos membros do Estado Operário, iguais em seus direitos e em suas obrigações.

Em vez da família de tipo individual e egoísta, se levantará uma grande família universal de trabalhadores, na qual todos eles, homens e mulheres, serão antes de tudo trabalhadores e camaradas. Essas serão as relações entre homens e mulheres na sociedade comunista de amanhã. Estas novas relações assegurarão à humanidade todos os gozos do chamado amor livre, enobrecido por uma verdadeira igualdade social entre companheiros, gozos que são desconhecidos na sociedade comercial capitalista.

Abram caminhos à existência de uma infância robusta e sã; abram caminhos a uma juventude vigorosa que ame a vida com todas as suas alegrias, uma juventude livre em seus sentimentos e em seus afetos!

Este é o lema da Sociedade Comunista. Em nome da igualdade, da liberdade e do amor, fazemos um chamado a todas as mulheres trabalhadoras, a todos os homens trabalhadores, mulheres camponesas e homens camponeses para que, resolutamente e cheios de fé, se entreguem ao trabalho de reconstrução da sociedade humana para fazê-la mais perfeita, mais justa e mais capaz de assegurar ao indivíduo a felicidade a que tem direito.

A bandeira vermelha da revolução social que tremulará, depois da Rússia, em outros países do mundo proclama que não está longe o momento em que poderemos gozar do céu na terra, ao que a humanidade aspira há séculos.

A PROSTITUIÇÃO E AS MANEIRAS DE COMBATÊ-LA (1921)[1]

Camaradas, a questão da prostituição[2] é um assunto difícil e espinhoso que tem recebido pouquíssima atenção na Rússia Soviética. O sinistro legado de nosso passado capitalista burguês continua a envenenar a atmosfera da república operária e afeta a saúde física e moral do povo trabalhador da Rússia Soviética. É verdade que nos três anos da revolução a natureza da prostituição tem, sob a pressão das mudanças econômicas e sociais, se alterado de certa forma. Mas ainda estamos longe

---

1 Traduzido do inglês por Henrique Vilhena e Glauco Lobo. Fonte: *Selected Writings of Alexandra Kollontai*, Allison & Busby, 1977 Versão revisada pela Expressão Popular do texto disponibilizado no portal Marxist.org.

2 A ideia de "combate à prostituição" que fundamenta este texto merece contextualização. Antes de mais nada, não se trata de um texto em defesa do proibicionismo. Kollontai não censura a prostituição por nenhum aspecto da moral religiosa ou estritamente sexual, o que é um enorme diferencial para a época. Além disso, a autora equipara casamentos tradicionais à prostituição, evidenciando a base comum no cálculo monetário e o elemento da "deserção do trabalho" que ambos representariam, no sentido do trabalho socialmente útil para a construção de uma nova sociedade. Outro aspecto interessante é a qualidade dos argumentos em relação às políticas públicas da época, apontando a desarticulação e a incapacidade dos legisladores de criar regras que resolvessem pela raiz a causa maior por trás da prostituição: a desigualdade de remuneração e a consequente dependência das mulheres em relação aos homens. Nesse sentido, entendemos que mesmo os debates atuais a respeito dos limites do proibicionismo e da pertinência de se considerar a prostituição como um trabalho como outros, que têm marcado presença nas diversas correntes feministas atuais, podem se beneficiar da leitura. (N.E.)

de nos ver livres desse mal. A prostituição continua a existir e ameaça o sentimento de solidariedade e camaradagem entre os homens e mulheres trabalhadoras, os membros da república operária. E este sentimento é a fundação e a base da sociedade comunista que estamos construindo e tornando uma realidade. É tempo de encararmos o problema. É hora de pensar e prestar atenção às razões por trás da prostituição. É hora de encontrarmos maneiras e meios para nos livrarmos de uma vez por todas desse mal, que não tem lugar em uma república operária.

Nossa república operária até então não criou leis direcionadas à eliminação da prostituição, e nem ao menos lançou uma fórmula clara e científica sobre a visão de que a prostituição é algo que fere o coletivo. Sabemos que a prostituição é um mal; também temos conhecimento de que, no momento, neste período transicional com todos os seus problemas, a prostituição se tornou extremamente difundida. Mas varremos tal problema para debaixo do tapete, temos estado em silêncio sobre isso. Isto se deve, parcialmente, às atitudes hipócritas que herdamos da burguesia, e parcialmente à nossa relutância em considerar e aceitar os danos que a prostituição em larga escala causa à coletividade. E nossa falta de entusiasmo na luta contra a prostituição se refletiu em nossa legislação.

Nós ainda não aprovamos nenhum estatuto reconhecendo a prostituição como um fenômeno social prejudicial. Quando as velhas leis tsaristas foram revogadas pelo Conselho de Comissários do Povo, todos os estatutos relativos à prostituição foram abolidos. Todavia, nenhuma medida nova, baseada nos interesses do trabalho coletivo, foi introduzida. Deste modo, as políticas das autoridades soviéticas direcionadas às prostitutas e à prostituição têm sido caracterizadas por diversidade e contradições. Em algumas áreas, a polícia ainda realiza batidas policiais contra as prostitutas, como nos velhos tempos. Em outros lugares, os bordéis existem abertamente. (A Comissão Interdepartamental sobre a Luta contra a Prostituição possui dados sobre isso.) E ainda existem algumas outras áreas em que as prostitutas são consideradas criminosas e são jogadas em campos de trabalho forçado. As diferentes atitudes das autoridades locais evidenciam a ausência de um estatuto claramente redigido. Nossa vaga atitude em se tratando desse fenômeno social complexo é responsável por uma série de distorções e desvios dos princípios subjacentes à nossa legislação e moralidade.

Sendo assim, nós devemos não somente confrontar o problema da prostituição, mas buscar uma solução que seja alinhada com nossos princípios básicos e com o programa de mudança social e econômica adotados pelo partido dos comunistas. Devemos, acima de tudo, definir claramente o que é a prostituição. A prostituição é um fenômeno que está intimamente ligado à renda não produtiva e que prospera na época dominada pelo capital e pela propriedade privada. As prostitutas, sob nosso ponto de vista, são mulheres que vendem seus corpos pelo benefício material – por comida decente, por vestimentas e outras vantagens. As prostitutas são todas aquelas que evitam a necessidade de trabalhar dando-se para um homem, seja temporariamente, seja por toda a vida.

Nossa república soviética dos trabalhadores herdou a prostituição do passado capitalista burguês, quando somente um pequeno número de mulheres estavam envolvidas no trabalho dentro da economia nacional e a maioria contava com o "macho chefe de família", com o pai ou o marido. A prostituição surgiu nos primeiros Estados como a inevitável sombra da instituição do casamento, a qual foi projetada para preservar os direitos à propriedade privada e garantir a herança de propriedade por meio de uma linhagem de herdeiros legítimos. A instituição do casamento tornou possível prevenir que a riqueza acumulada fosse espalhada entre um vasto número de "herdeiros". Mas existe uma enorme diferença entre a prostituição na Grécia e em Roma e a prostituição que conhecemos hoje. Nos tempos antigos, o número de prostitutas era pequeno, e não havia aquela hipocrisia que colore a moralidade do mundo burguês e obriga a sociedade burguesa a tirar seu chapéu em respeito à "esposa fiel" de um magnata industrial que obviamente se vendeu para um marido que ela não ama, e virar as costas em asco a uma garota forçada à sarjeta pela pobreza, falta de moradia, desemprego e outras circunstâncias sociais que derivam da existência do capitalismo e da propriedade privada. O mundo antigo tratava a prostituição como o complemento legal das relações familiares exclusivas. Aspásia [a amante de Péricles] era respeitada por seus contemporâneos muito mais do que as esposas incolores do aparato reprodutor.

Na Idade Média, quando a produção artesanal predominava, a prostituição era aceita como algo natural e legal. As prostitutas tinham suas próprias guildas e participavam de festivais e eventos locais, assim como as outras guildas. As prostitutas garantiam que as filhas de cidadãos respeitáveis se mantivessem castas e suas esposas, fiéis, uma vez que homens solteiros podiam (por uma taxa) se voltar aos membros da guilda para consolo. A prostituição, portanto, beneficiava os cidadãos dignos e era abertamente aceita por eles.

Com o surgimento do capitalismo, a coisa muda de figura. Nos séculos XIX e XX, a prostituição assume proporções ameaçadoras pela primeira vez. A venda do trabalho da mulher, íntima e inseparavelmente conectado com a venda do corpo feminino, aumenta constantemente, levando a uma situação em que a respeitada esposa de um operário, e não somente a garota abandonada e "desonrada", se junta às fileiras das prostitutas: uma mãe pelo bem de seus filhos, ou uma jovem moça, como Sonya Marmeladova,[3] pelo bem de sua família. Este é o horror e a desesperança resultantes da exploração do trabalho pelo capital. Quando a renda de uma mulher é insuficiente para mantê-la viva, a venda de favores parece uma possível ocupação subsidiária. A moral hipócrita da sociedade burguesa encoraja a prostituição pela estrutura de sua economia exploradora, enquanto ao mesmo tempo cobre impiedosamente de desprezo qualquer menina ou mulher que é forçada a tomar este caminho.

A sombra nefasta da prostituição espreita o casamento legal da sociedade burguesa. A história nunca havia testemunhado tal crescimento da prostituição, como ocorreu na última parte do século XIX e no século XX. Em Berlim, existe uma prostituta para cada 20 mulheres ditas honestas. Em Paris, a proporção é de uma a cada 18 e, em Londres, uma a cada nove. Existem tipos diferentes de prostituição: a prostituição aberta, que é legal e sujeita a regulação, e o tipo secreto, "sazonal". Todas as formas de prostituição florescem como uma flor venenosa nos pântanos do modo de vida burguês.

O mundo da burguesia não poupa nem ao menos as crianças, forçando jovens meninas de nove e dez anos a se render aos sórdidos abraços dos velhos ricos e depravados. Nos países capitalistas, existem bordéis que se especializam exclusivamente em garotas muito jovens. Neste período presente, do pós-guerra, toda mulher encara a possibilidade de desemprego. O desemprego atinge as mulheres em particular,

[3] Sonya Marmeladova: trata-se da personagem da obra clássica *Crime e castigo*, de Dostoiévski. Sonya é uma jovem proletária prostituta que auxilia sua família e pela qual o personagem Raskólnikov se apaixona. (N.O.)

e causa um aumento enorme do exército de "mulheres da rua". Multidões famintas de mulheres procurando por compradores de "escravas brancas" inundam as ruas de Berlim, Paris e outros centros civilizados dos Estados capitalistas. A venda da carne de mulher é conduzida abertamente, o que não é surpreendente quando você considera que todo o modo de vida burguês é baseado na compra e venda. Existe um elemento inegável de considerações materiais e econômicas até mesmo no mais legal dos casamentos. A prostituição é a saída para as mulheres que falham em encontrar um chefe de família permanente. A prostituição, sob o capitalismo, fornece aos homens a oportunidade de ter relações sexuais sem ter que tomar para si a responsabilidade de cuidar materialmente da mulher até a morte.

Mas se a prostituição tem tanta resistência e é tão difundida mesmo na Rússia, como nós vamos lutar contra ela? Para responder a essa questão, devemos primeiro analisar mais detalhadamente os fatores que dão origem à prostituição. A ciência burguesa e seus acadêmicos adoram provar para o mundo que a prostituição é um fenômeno patológico – por exemplo, que ela resulta das anormalidades de certas mulheres: assim como algumas pessoas são criminosas por natureza, algumas mulheres, argumenta-se, são prostitutas por natureza. Independentemente de onde ou como tais mulheres podem ter vivido, elas se voltariam a uma vida de pecado. Os marxistas e os estudiosos, médicos e estatísticos mais conscientes mostraram claramente que a ideia de uma "disposição inata" é falsa. A prostituição é acima de tudo um fenômeno social; é intimamente conectada à posição carente da mulher e à sua dependência econômica do homem no casamento e na família. As raízes da prostituição são econômicas. A mulher, por um lado, é colocada em uma posição economicamente vulnerável e, por outro, tem sido condicionada por séculos de educação para esperar favores materiais de um homem em troca de favores sexuais – sejam eles prestados dentro ou fora do laço matrimonial. Essa é a raiz do problema. Aqui está a razão para a prostituição.

Se os acadêmicos burgueses da escola Lombroso-Tarnovsky[4] estivessem corretos em afirmar que as prostitutas nascem com as marcas da corrupção e da anormalidade sexual, como explicar o fato bem conhecido de que, em tempos de crise e desemprego, o número de prostitutas aumenta imediatamente? Como explicar o fato de que os fornecedores de "mercadoria viva" que viajavam da Rússia tsarista para outros países da Europa ocidental sempre encontravam uma rica colheita em áreas onde as plantações falharam e a população sofria com a fome, ao passo que eles saíam com menos recrutas de áreas de abundância? Por que muitas das mulheres que alegadamente são condenadas pela natureza à ruína só recorrem à prostituição em anos de fome e desemprego?

Também é significativo que, nos países capitalistas, a prostituição recrute suas servas das camadas da população destituídas de propriedade. O trabalho mal remunerado, a falta de moradia, a pobreza aguda e a necessidade de sustentar irmãs e irmãos mais novos: estes são os fatores que produzem a maior porcentagem de prostitutas. Se as teorias burguesas sobre a disposição corrupta e criminosa fossem verdade, então todas as classes da população deveriam contribuir igualmente

---

4 Refere-se ao cientista Cesare Lombroso e a Pauline Tarnovsky, antropóloga criminalista. Entre 1888 e 1893, ambos publicaram vários estudos apontando que as prostitutas teriam características físicas que as diferenciavam das outras mulheres, o que as tornava visualmente identificáveis. Para saber mais, ver: Nakamura, Lisa. *Theatrical Subjects:* performing on the margins. *In:* Hardy *et al.* Dissertação de Mestrado. The City University of New York, 1996. (N.O.)

para a prostituição. Deveria haver a mesma proporção de mulheres corruptas tanto entre as ricas como entre as pobres. Mas as prostitutas profissionais, mulheres que vivem de seus corpos, são, com raras exceções, recrutadas das classes mais pobres. Pobreza, fome, privação e flagrantes desigualdades sociais, que são a base do sistema burguês, levam essas mulheres à prostituição.

Ou talvez se possa apontar para o fato de que as prostitutas dos países capitalistas são extraídas, segundo as estatísticas, da faixa etária dos 13 aos 23 anos. Crianças e jovens mulheres, em outras palavras. E a maioria dessas garotas está sozinha e sem teto. As garotas de origem rica, que têm a excelente família burguesa para protegê-las, se voltam para a prostituição só muito ocasionalmente. As exceções normalmente são vítimas de trágicas circunstâncias. Mais frequentemente, elas são vítimas da hipócrita "dupla moralidade". A família burguesa abandona a garota que pecou e ela – sozinha, sem apoio e marcada pelo desprezo da sociedade – enxerga a prostituição como a única saída.

Portanto, podemos listar como fatores responsáveis pela prostituição: baixos salários, desigualdades sociais, dependência econômica das mulheres em relação aos homens e o costume nocivo pelo qual as mulheres esperam ser sustentadas em troca de favores sexuais em vez de em troca do seu trabalho.

A revolução operária na Rússia despedaçou as bases do capitalismo e golpeou a antiga dependência das mulheres em relação aos homens. Todos os cidadãos são iguais perante o trabalho coletivo. Eles são igualmente obrigados a trabalhar pelo bem comum e são igualmente elegíveis a apoiar o coletivo quando eles precisam. Uma mulher se sustenta não pelo casamento, mas pelo papel que ela cumpre na produção e a contribuição que ela faz para a riqueza do povo.

As relações entre os sexos estão sendo transformadas. Mas ainda estamos ligados às velhas ideias. Ademais, a estrutura econômica está longe de ser completamente reorganizada da nova maneira, e o comunismo ainda está bastante distante. Neste período transicional, a prostituição naturalmente mantém uma forte resistência. Afinal de contas, mesmo que as principais fontes da prostituição – a propriedade privada e a política de fortalecer a família – tenham sido eliminadas, outros fatores ainda estão em vigor. A falta de moradia, a negligência, as más condições de habitação, a solidão e os baixos salários para mulheres ainda se fazem presentes. Nosso aparato produtivo ainda se encontra em estado de colapso, e a desarticulação da economia nacional continua. Estas e outras condições econômicas e sociais levam as mulheres a prostituírem seus corpos.

Lutar contra a prostituição significa principalmente lutar contra essas condições, em outras palavras, significa apoiar a política geral do governo soviético direcionada a fortalecer as bases do comunismo e a organização da produção.

Algumas pessoas talvez digam que, já que a prostituição não terá lugar, uma vez que o poder dos operários e a base do comunismo estejam fortalecidos, nenhuma campanha será necessária. Este tipo de argumento falha em levar em conta o efeito nocivo e dissociativo que a prostituição tem na construção de uma nova sociedade comunista.

O *slogan* preciso foi formulado no primeiro Congresso de Mulheres Operárias e Camponesas de Toda a Rússia[5]: "Uma mulher da república soviética do trabalho é uma cidadã livre com direitos iguais, e não deve ser objeto de compra e venda" Porém, o *slogan* foi proclamado, mas nada foi feito. Acima de

[5] O Primeiro Congresso de Mulheres Operárias e Camponesas de Toda a Rússia aconteceu entre 16 e 21 de novembro de 1918, em Moscou. Kollontai foi uma das organizadoras (Poter, 2014). (N.O.)

tudo, a prostituição afeta a economia nacional e entrava um maior desenvolvimento das forças produtivas. Sabemos que só podemos superar o caos e melhorar a indústria se aparelharmos os esforços e as energias dos operários e se organizarmos a força de trabalho disponível dos homens e mulheres da maneira mais racional. Abaixo o trabalho improdutivo do trabalho doméstico e do cuidar das crianças! Abram caminho para o trabalho que é organizado e produtivo e que serve ao trabalho coletivo! Estes são os *slogans* que devemos assumir.

E o que, afinal de contas, é a prostituta profissional? É uma pessoa cuja energia não é usada para o coletivo; uma pessoa que vive dos outros, tirando as provisões dos outros. Esse tipo de coisa pode ser permitido em uma república operária? Não, não pode. Não se pode permitir, pois reduz as reservas de energia e o número de mãos trabalhadoras que estão criando a riqueza nacional e o bem-estar geral. Do ponto de vista da economia nacional, a prostituta profissional é uma desertora do trabalho. Por essa razão, devemos impiedosamente nos opor à prostituição. Nos interesses da economia, devemos começar uma luta imediata para reduzir o número de prostitutas e eliminar a prostituição em todas as suas formas.

É hora de entendermos que a existência da prostituição contradiz os princípios básicos de uma república operária que luta contra todas as formas de renda não produtiva. Nos três primeiros anos da revolução, nossas ideias sobre esse assunto mudaram muito. Uma nova filosofia, que tem pouco em comum com as velhas ideias, está em construção. Três anos atrás, considerávamos um comerciante uma pessoa respeitável. Desde que suas contas estivessem em ordem e que ele, obviamente, não enganasse ou fraudasse seu cliente também, ele era condecorado com o título de "comerciante de primeira ordem", "cidadão respeitado" etc.

Desde então, a atitude da revolução para com o comércio e os comerciantes mudou radicalmente. Nós hoje chamamos o "comerciante honesto" de especulador, e em lugar de condecorá-lo com títulos honorários, o arrastamos para um comitê especial e o colocamos em um campo de trabalho forçado.[6] Por que fazemos isso? Porque sabemos que só podemos construir uma nova economia comunista se todos os cidadãos adultos estiverem envolvidos no trabalho produtivo. A pessoa que não trabalha e vive de outra pessoa ou de renda não produtiva afeta a coletividade e a república. Nós, portanto, caçamos os especuladores, os negociantes e os acumuladores que vivem de renda não produtiva. Devemos lutar contra a prostituição como uma das formas de deserção do trabalho.

Nós, assim sendo, não condenamos a prostituição e lutamos contra ela como uma categoria especial de deserção do trabalho. Para nós, na república operária, não importa se uma mulher se vende para um homem ou vários, se ela é classificada como uma prostituta profissional vendendo seus favores para uma série de clientes ou uma esposa se vendendo para seu marido. Todas as mulheres que evitam o trabalho e não tomam parte na produção ou cuidam de crianças são sujeitas, do mesmo modo que as prostitutas, a serem forçadas a trabalhar. Não podemos traçar uma diferença entre uma prostituta e uma esposa fiel mantida

[6] A defesa de Kollontai em relação ao envio de pessoas para trabalho forçado deve ser contextualizada. Aos olhos atuais, e tendo em vista a catástrofe que foram esses confinamentos em países que o adotaram, evidentemente há a consciência de que não foi uma saída razoável nem efetiva para o aumento da produção, por um lado, nem, por outro, para a conscientização e readaptação de trabalhadores que anteriormente se ocupavam de tarefas consideradas "improdutivas". À época, no entanto, havia a expectativa de que os campos propiciassem uma refuncionalização das profissões e uma readequação do caráter em prol de investimentos de energia no trabalho socialmente útil e que não objetificasse ou explorasse ninguém. (N.E.)

pelo seu marido, seja lá quem for seu marido – mesmo que ele seja um "comissário". É a falha em tomar parte no trabalho produtivo o fio que conecta todos os desertores do trabalho. Os trabalhadores coletivos condenam a prostituta não porque ela dá seu corpo para muitos homens, mas porque, assim como a esposa legal que permanece em casa, ela não presta um serviço útil para a sociedade.

A segunda razão para se organizar uma campanha deliberada e bem planejada contra a prostituição é para salvaguardar a saúde do povo. A Rússia Soviética não quer que males e doenças invalidem seus cidadãos e reduzam sua capacidade de trabalho. E a prostituição espalha doenças venéreas. De fato, não é o único meio pelo qual tais doenças são transmitidas. Casas superlotadas, a falta de padrões de higiene, louças e toalhas comunais também têm seu papel. Além disso, neste momento de mudança das normas morais e particularmente quando há também um movimento contínuo de tropas de um lugar para o outro, um aumento acentuado no número de casos de doenças venéreas ocorre independente da prostituição comercial. A guerra civil, por exemplo, está explodindo nas regiões férteis ao sul. Os homens cossacos foram derrotados e se retiraram com os Brancos. Só as mulheres foram deixadas para trás nos vilarejos. Elas têm tudo em abundância, exceto maridos. As tropas do Exército Vermelho entram no vilarejo, se alojam e permanecem por várias semanas. Relações livres se desenvolvem entre os soldados e as mulheres. Estas relações não têm nada a ver com prostituição; a mulher sai com o homem voluntariamente porque ela está atraída por ele, e não há nenhum pensamento de sua parte em ganho material. Não é o soldado do Exército Vermelho que sustenta a mulher, mas sim o oposto. A mulher cuida dele durante o período em que as tropas estão instaladas no vilarejo. As tropas se mudam, mas deixam doenças venéreas para trás, a infecção se espalha, a doença se desenvolve, se multiplica e ameaça mutilar a geração mais jovem.

Em uma reunião conjunta do departamento de proteção à maternidade e do departamento da mulher, o professor Koltsov[7] falou sobre a eugenia,[8] a ciência de preservação e promoção da saúde da humanidade. A prostituição está intimamente ligada com este problema, desde que este é um dos principais meios pelos quais infecções são disseminadas. As teses da comissão interdepartamental no combate à prostituição indicaram que o desenvolvimento de medidas especiais para combater doenças venéreas é uma tarefa urgente. Medidas devem, é claro, ser tomadas para lidar com todas as fontes das doenças, e não exclusivamente com a prostituição da forma com que a sociedade burguesa hipócrita o faz. Mas embora as doenças sejam disseminadas, até certo ponto, por circunstâncias diárias, isso é, ainda assim, essencial para dar a todos uma clara ideia do papel que a prostituição tem. A organização correta da educação sexual para pessoas jovens é especialmente importante. Nós precisamos armar os jovens com informações precisas, permitindo a eles entrar na vida com os olhos abertos. Nós não devemos mais nos manter em silêncio sobre questões conectadas à vida sexual; nós devemos romper com a moralidade burguesa falsa e intolerante.

A prostituição não é compatível com a república dos trabalhadores soviéticos por uma terceira razão: ela não contribui

---

7 Nikolai Konstantinovich Koltsov (1978-1940) foi um biólogo russo, considerado um dos pioneiros da genética moderna. (N.O.)

8 Eugenia, no contexto da época, ainda era um conceito relativamente novo e utilizado por diversos profissionais da área quase como sinônimo de pesquisa genética, sem a carga negativa que posteriormente recairá sobre o termo com o desenvolvimento do fascismo e do nazismo. (N.E.)

para o desenvolvimento e fortalecimento do caráter de classe básico do proletariado e sua nova moralidade.

Qual é a qualidade fundamental da classe operária? Qual é a arma moral mais forte na luta? Solidariedade e camaradagem são as bases do comunismo. A menos que este senso esteja fortemente desenvolvido entre o povo trabalhador, a construção de uma sociedade verdadeiramente comunista é inconcebível. Comunistas politicamente conscientes devem, portanto, logicamente, estar encorajando o desenvolvimento da solidariedade em todas as maneiras e combater todos os entraves de seu desenvolvimento – a prostituição destrói a igualdade, solidariedade e a camaradagem das duas metades da classe operária. Um homem que compra os favores de uma mulher não a vê como uma camarada ou como uma pessoa com direitos iguais. Ele vê a mulher como dependente dele e como uma criatura desigual, de uma ordem inferior que é de menor valor para os de condição operária. O desprezo que ele tem pela prostituta, cujos favores ele comprou, afeta sua atitude com todas as mulheres. O desenvolvimento posterior da prostituição, em lugar de permitir o crescimento do sentimento de camaradagem e solidariedade, fortalece a desigualdade de relações entre os sexos.

A prostituição é estranha e danosa para a nova moral comunista, cujo processo está em formação. A tarefa do partido como um todo e do departamento da mulher em particular deve ser empreender uma ampla e resoluta campanha contra este legado. Na sociedade burguesa capitalista, todas as tentativas de combater a prostituição foram um inútil desperdício de energia, uma vez que as duas circunstâncias que deram origem ao fenômeno – propriedade privada e dependência material direta da maioria das mulheres aos homens – estavam firmemente estabelecidas. Em uma república de trabalhadores, a situação mudou. A propriedade privada foi abolida e todos os cidadãos da república são obrigados a trabalhar. O casamento deixou de ser um meio pelo qual a mulher pode encontrar para si um "ganha pão" e assim evitar a necessidade de provê-lo para si pelo próprio trabalho. A maioria dos fatores sociais que dão origem à prostituição estão, na Rússia Soviética, sendo eliminados. Um número de razões econômicas e sociais secundárias permanece, com os quais é mais fácil de chegar a termo. O Departamento da Mulher deve abordar o combate energicamente, e ele encontrou um amplo campo de atividade.

Na iniciativa do Departamento Central, uma Comissão Interdepartamental para o Combate à Prostituição foi organizada ano passado. Por algumas razões, o trabalho da comissão foi negligenciado por um tempo, mas desde o outono deste ano houve sinais de vida, e com a cooperação do doutor Goldman e o Departamento (das Mulheres) Central, algum trabalho foi organizado e planejado. Representantes do Comissariado do Povo da Saúde, Trabalho, Segurança Social e Indústria, o Departamento das Mulheres e a União da Juventude Comunista estão todos envolvidos. A comissão imprimiu as teses no Boletim n. 4, distribui circulares a todos os departamentos regionais da segurança social, delineando um plano para estabelecer comissões similares por todo o país, e estabeleceu o funcionamento de um número de medidas concretas para lidar com as circunstâncias que dão origem à prostituição.

A comissão interdepartamental considera necessário que o departamento da mulher tome parte ativa nesse trabalho, uma vez que a prostituição afeta as mulheres sem propriedade da classe trabalhadora. Esse é o nosso trabalho, o trabalho do Departamento da Mulher – organizar uma campanha de massa em torno da questão da prostituição. Nós devemos abordar esse assunto com o empenho do trabalho coletivo em mente e assegurar que a revolução dentro da família seja completa, e os relacionamentos entre os sexos sejam colocados em um padrão mais humano.

A Comissão Interdepartamental, como deixam claras as teses, considera que o combate à prostituição está conectado de maneira fundamental à realização de nossa política soviética na esfera econômica e da construção geral. A prostituição será finalmente eliminada quando a base do comunismo estiver estabelecida. Essa é a verdade que determina nossas ações. Mas nós também precisamos entender a importância da criação de uma moralidade comunista. As duas tarefas estão intimamente conectadas: a nova moral comunista é criada por uma nova economia, mas nós não construiremos uma nova economia comunista sem o suporte de uma nova moralidade. Pensamento preciso e clareza são necessários nesse assunto, e nós não tememos a verdade. Os comunistas devem aceitar abertamente que mudanças sem precedentes na natureza das relações sexuais estão tomando forma. Essa revolução se justifica pela mudança na estrutura econômica e pelo novo papel que a mulher desempenha na atividade produtiva do Estado dos trabalhadores. Nesse difícil período de transição, quando o velho está sendo destruído e o novo está em processo de criação, relações desenvolvidas entre os sexos às vezes não são compatíveis com os interesses coletivos. Mas há também algo saudável na variedade de relações praticadas.

Nosso partido e o Departamento da Mulher, em particular, devem analisar as diferentes formas com o objetivo de determinar quais são compatíveis com as tarefas gerais da classe revolucionária e servem ao fortalecimento da coletividade e seus interesses. Comportamentos que são danosos à coletividade devem ser rejeitados e condenados pelos comunistas.

Essa é a forma como o Departamento da Mulher entendeu a tarefa da Comissão Interdepartamental. Não é necessário apenas tomar medidas práticas para combater a situação e as circunstâncias que sustentam a prostituição e resolver os problemas de moradia e solidão etc., mas também ajudar a classe operária a estabelecer sua moral ao lado de sua ditadura.

A Comissão Interdepartamental aponta para o fato que na, Rússia Soviética, a prostituição é praticada a) como uma profissão e b) como um meio de obter renda complementar. A primeira forma de prostituição é menos comum e, em Petrogrado, por exemplo, o número de prostitutas não foi reduzido significativamente pelas batidas policiais. O segundo tipo de prostituição está difundido em países burgueses capitalistas (em Petrogrado; antes da Revolução, de um total de 50 mil prostitutas, apenas por volta de seis ou sete mil estavam registradas), e continua sob várias máscaras em nossa Rússia – damas soviéticas trocam seus favores por um par de botas de salto alto, mulheres operárias e mães de famílias vendem seus favores por farinha. Mulheres camponesas dormem com os líderes dos destacamentos antiespeculadores na esperança de salvar seu alimento embargado, e trabalhadoras de escritório dormem com seus chefes em troca de porções e sapatos, e na esperança de uma promoção.

Como nós devemos combater essa situação? A Comissão Interdepartamental teve de enfrentar a importante questão de se *devia ser ou não a prostituição considerada um crime*. Muitos dos representantes da comissão estavam inclinados à visão de que a prostituição deveria ser um crime, argumentando que prostitutas profissionais são claramente desertoras do trabalho. Se tal lei fosse sancionada, as batidas policiais a locais de prostituição e envio de prostitutas em campos de trabalho forçado se tornaria uma política aceita.

O Departamento Central falou em firme e resoluta oposição a tal lei, mostrando que se prostitutas foram enviadas aos campos de trabalho, então o deveriam também ser todas as esposas legais que são mantidas pelos seus maridos e não contribuem para a sociedade. As prostitutas e donas de casa são ambas desertoras do trabalho, e você não pode mandar uma ao campo de trabalho forçado sem mandar a outra. Essa foi a posição que o Departamento Central tomou, e foi apoiada pelo representante do Comissariado de Justiça. Se nós tomarmos a deserção do trabalho como nosso critério, nós não poderemos ajudar punindo todas as formas de deserção do trabalho. O casamento ou a existência de certas relações entre os sexos não são significativas e não podem desempenhar um papel na definição de crimes na república do trabalho.

Na sociedade burguesa, uma mulher está condenada à perseguição não quando ela não faz um trabalho útil à coletividade ou porque ela se vende por ganhos materiais (dois terços das mulheres na sociedade burguesa se vendem a seus maridos legais), mas quando suas relações sexuais são informais e de curta duração. O casamento na sociedade burguesa é caracterizado *por sua duração e pela natureza oficial de seu registro.* A herança da propriedade é preservada dessa forma. Relacionamentos que são de natureza temporária e sem a chancela oficial são considerados pelos intolerantes e hipócritas sustentadores da moralidade burguesa como vergonhosos.

Podemos nós, que sustentamos os interesses da classe operária, definir relacionamentos que são temporários e não chancelados como criminosos? É claro que não. Liberdade nas relações entre os sexos não contradiz a ideologia comunista. O interesse pelo trabalho coletivo não é afetado pela brevidade ou longevidade de um relacionamento, tampouco por sua base se assentar no amor, na paixão ou na atração física passageira.

Um relacionamento é danoso e estranho à coletividade apenas *se a barganha material entre os sexos está envolvida*, apenas quando *o calculismo* é um substituto da atração mútua. Não importa se a barganha toma forma de prostituição ou de um casamento legal. Tais relacionamentos nocivos não podem ser permitidos, uma vez que eles ameaçam a igualdade e a solidariedade. Nós devemos, assim, condenar toda a prostituição, e ir até o limite de explicar a essas esposas "concubinas" legais que papel triste e intolerável elas estão tomando no Estado dos trabalhadores.

A presença ou ausência de barganha material pode ser usada como critério na determinação do que é ou do que não é um crime? Podemos realmente persuadir um casal a admitir se há ou não um elemento de calculismo em seus relacionamentos? Poderia uma lei ser viável, particularmente em vista do fato de que, no presente momento, uma grande variedade de relações é praticada por pessoas trabalhadoras e ideias de moralidade sexual estão em constante fluxo? Onde a prostituição termina e o casamento de conveniência começa? A Comissão Interdepartamental se opôs à sugestão de que as prostitutas sejam punidas por se prostituir – por exemplo, compra e venda. Ela se limitou a sugerir que pessoas condenadas por abandono do trabalho sejam direcionadas à rede de segurança social e a partir de lá, de outro modo, à seção do Comissariado que lida com a mobilização da força de trabalho para sanatórios e hospitais. Uma prostituta não é um caso especial; assim como outras espécies de desertor, ela é apenas mandada para executar trabalho forçado se ela repetidamente evita o trabalho. As prostitutas não são tratadas de forma diferente dos outros desertores do trabalho. Este é um passo corajoso e importante, digno da primeira república do trabalho do mundo.

A questão da prostituição como uma ofensa foi publicada na tese n. 15. O próximo problema a ser enfrentado era se a lei deveria ou não punir os clientes das prostitutas. Havia alguns na comissão favoráveis a isso, mas eles tiveram de desistir da ideia, que não seguiu, logicamente, nossas premissas básicas. Como um cliente pode ser definido? Ele é alguém que compra favores de uma mulher? Nesse caso, os esposos de muitas esposas legais seriam culpados. Quem decide quem é um cliente e quem não é? Foi sugerido que esse problema fosse estudado posteriormente, antes de uma decisão ser tomada, mas o Departamento Central e a maioria da comissão estavam contra isso. Como o representante do Comissariado de Justiça admitiu, se não fosse possível definir exatamente quando um crime tivesse sido cometido, então a ideia de punir os clientes era insustentável. A posição do Departamento Central foi mais uma vez adotada.

Mas embora a comissão tenha aceitado que os clientes não poderiam ser punidos pela lei, ela defendeu a condenação moral daqueles que visitam prostitutas ou de alguma forma fazem da prostituição um negócio. De fato, as teses da comissão apontam que todos os intermediários que lucram com a prostituição podem ser processados como pessoas que lucram com o trabalho alheio e não o seu próprio. Propostas legislativas foram elaboradas pela comissão interdepartamental e expostas diante do Conselho dos Comissários do Povo. Elas entrarão em vigor em um futuro próximo.

Resta-me indicar as medidas puramente práticas que podem ajudar a reduzir a prostituição, e em cuja implementação os Departamentos da Mulher podem desempenhar um papel ativo. Não há dúvida que os salários baixos e inadequados que as mulheres recebem continuam a servir como um dos fatores reais que as empurra à prostituição. De acordo com a lei, o salário de trabalhadores e trabalhadoras é igual, mas na prática a maioria das mulheres é empregada em trabalhos não qualificados. O problema de promover suas qualificações por meio do desenvolvimento de uma rede de cursos especiais deve ser enfrentado. A tarefa dos departamentos da mulher deve consistir em influenciar as autoridades educativas a reforçar o provimento de treinamento profissional às mulheres trabalhadoras.

O atraso político das mulheres e sua falta de consciência social é uma segunda razão para a prostituição. Os departamentos da mulher devem aumentar seu trabalho entre as mulheres proletárias. A melhor forma de combater a prostituição é elevar a consciência política das amplas massas de mulheres e atraí-las à luta revolucionária de construção do comunismo.

O fato de a situação da moradia não estar ainda resolvida também encoraja a prostituição. O Departamento das Mulheres e a Comissão para o Combate à Prostituição podem e devem ter sua palavra sobre a solução deste problema. A comissão interdepartamental está trabalhando em um projeto sobre o provimento de casas comunais para jovens trabalhadores e sobre o estabelecimento de casas que fornecerão acomodação para mulheres quando elas são recém-chegadas em qualquer área. No entanto, a menos que os Departamentos das Mulheres e os Komsomols[9] nas províncias mostrem alguma iniciativa e tomem ações independentes nesse assunto, todas as diretivas da comissão permanecerão como belas e benevolentes resoluções – mas não sairão do papel. E há tanto que podemos e devemos fazer. Os Departamentos das Mulheres locais devem trabalhar em conjunto com as Comissões de Educação para levantar a questão da correta organização da

[9] Organização juvenil do Partido Comunista da União Soviética. (N.O.)

educação sexual nas escolas. Eles podem também manter uma série de discussões e leituras sobre o casamento, a família e a história do relacionamento entre os sexos, destacando a dependência desse fenômeno e da própria moralidade sexual sobre fatores econômicos.

É tempo de olharmos com nitidez sobre a questão dos relacionamentos sexuais. É tempo de abordarmos esta questão com um espírito de implacável crítica científica. A Comissão Interdepartamental aceitou que as prostitutas profissionais sejam tratadas como desertoras do trabalho. Segue disso que mulheres que têm um registro de trabalho, mas que estão praticando a prostituição como uma segunda fonte de renda, não podem ser perseguidas. Mas isso quer dizer que não devemos lutar contra a prostituição? Nós estamos cientes, como já indiquei mais de uma vez hoje, que a prostituição afeta o trabalho coletivo, afetando negativamente a psicologia dos homens e das mulheres e distorcendo sentimentos de igualdade e solidariedade. Nossa tarefa é reeducar o coletivo de trabalho e alinhar sua psicologia às tarefas econômicas da classe trabalhadora. Nós devemos descartar implacavelmente as velhas ideias e atitudes às quais nos apegamos por hábitos. A economia ultrapassou a ideologia. A velha estrutura econômica está se desintegrando e, com ela, o velho tipo de casamento, mas estamos apegados a estilos de vida burgueses.

Nós estamos prontos a rejeitar todos os aspectos do antigo sistema dar as boas-vindas à revolução em todas as esferas da vida, mas... não toque na família, não tente mudar a família! Até mesmo comunistas politicamente conscientes estão com medo de olhar diretamente para a verdade, eles deixam de lado a evidência que mostra claramente que os velhos laços familiares estão se enfraquecendo e que as novas formas de economia ditam novas formas de relacionamentos entre os sexos. O poder soviético reconhece que a mulher tem um papel a desempenhar na economia nacional e a colocou no mesmo nível que o homem a este respeito, mas na vida diária, nós ainda nos apegamos aos "velhos modos" e estamos prontos a aceitar como normais casamentos que são baseados na dependência econômica da mulher pelo homem. Em nossa luta contra a prostituição, devemos elucidar nossa atitude diante das relações matrimoniais que são baseadas nos mesmos princípios de "compra e venda". Nós devemos aprender a ser implacáveis em relação a este assunto, não devemos ser desviados de nossos propósitos por reclamações sentimentais de que "por sua crítica e pregação científica, você está invadindo laços familiares sagrados". Nós devemos explicar inequivocamente que a antiga forma de família foi superada. A sociedade comunista não precisa dela. O mundo burguês deu sua bênção ao casal em matrimônio, à exclusividade e ao isolamento da coletividade; na sociedade burguesa atomizada e individualista, a família era a única proteção contra as tormentas da vida, um porto seguro em meio ao mar de competição e hostilidade. A família era um coletivo fechado e independente. Na sociedade comunista não pode ser assim. A sociedade comunista pressupõe, portanto, um forte senso de coletividade no qual qualquer possibilidade de existência da família como um grupo isolado e introspectivo está excluída. No presente momento, laços de parentesco, família e até mesmo de vida matrimonial podem ser vistos se enfraquecendo. Novos laços entre os trabalhadores estão sendo forjados e a camaradagem, os interesses comuns, a responsabilidade coletiva e a fé na coletividade estão se estabelecendo como os mais elevados princípios de moralidade.

Não assumirei a responsabilidade de profetizar a forma que o casamento ou as relações entre os sexos assumirão no futuro. Mas de uma coisa não há dúvida: sob o comunismo, toda a dependência das mulheres em relação aos homens e todos os elementos de cálculo material encontrados no casamento moderno estarão ausentes. As relações sexuais serão baseadas no instinto saudável de reprodução incitado pelo abandono do amor juvenil, ou pela paixão fervente, ou pela chama da atração física ou por um leve lampejo de harmonia intelectual e emocional. Tais relações sexuais não têm nada em comum com a prostituição. A prostituição é terrível porque é um ato de violência assumido pela própria mulher em nome do ganho material. A prostituição é um ato aberto de cálculo material que não deixa espaço para considerações de amor e paixão. Onde a paixão e a atração começam, a prostituição termina. Sob o comunismo, a prostituição e a família contemporânea desaparecerão. Relações saudáveis, alegres e livres entre os sexos se desenvolverão. Uma nova geração começará a surgir, independente e corajosa e com um forte senso de coletividade: uma geração que coloca o bem comum acima de tudo.

Camaradas! Nós estamos lançando as fundações deste futuro comunista. Está em nosso poder acelerar o advento desse futuro. Nós devemos fortalecer o sentimento de solidariedade dentro da classe operária. Nós devemos encorajar o sentimento de união. A prostituição entrava o desenvolvimento da solidariedade, e nós, portanto, convocamos os Departamentos das Mulheres a começar uma campanha imediata para extirpar esse mal.

Camaradas! Nossa tarefa é cortar as raízes que alimentam a prostituição.

Nossa tarefa é empreender uma luta sem piedade contra todos os resquícios de individualismo e do antigo tipo de casamento. Nossa tarefa é revolucionar atitudes na esfera das relações sexuais, alinhá-las ao interesse do coletivo de trabalho. Quando o coletivo comunista tiver eliminado as formas contemporâneas de casamento e família, o problema da prostituição cessará de existir.

Vamos ao trabalho, camaradas. A nova família já está em processo de criação, e grande família do triunfante mundo proletário está se desenvolvendo e se fortalecendo.

IV. CONSTRUIR A MEMÓRIA DO FEMINISMO CLASSISTA

Maísa Maria Baptista Prates do Amaral

Os textos a seguir, todos escritos após a revolução de 1917, trazem à tona uma outra dimensão da obra de Alexandra Kollontai: seu esforço para contribuir para a construção de uma narrativa histórica que colocasse finalmente em cena o protagonismo das trabalhadoras revolucionárias na emancipação das mulheres. Nesse sentido, ao propor uma retrospectiva da história das mulheres da Rússia do seu tempo, a autora contribui não somente para legitimar a história dessa época, como reforça também a memória coletiva internacional das lutas das mulheres socialistas no seu conjunto. Dessa forma, esses textos nos lembram que a questão da memória é também parte integrante da luta política pela emancipação das mulheres, e que esse esforço contribui para que muitas trabalhadoras continuem a ter essa memória como referência, inspiração e interlocução.

Um dos grandes destaques da atuação política e da obra de Kollontai é o posicionamento assumido em relação à questão das mulheres. Não só a autora entendia que era fundamental que a pauta das trabalhadoras fosse defendida ao lado da luta pela revolução (postura bastante impopular dentro do Partido Social-Democrata e entre seus camaradas de luta) como divergia energeticamente das feministas burguesas que, com suas associações, defendiam conquistas como o sufrágio universal e o direito à propriedade, pautas totalmente descoladas da realidade das trabalhadoras russas no início do século XX, realidade essa bastante marcada pela pobreza e por duras condições de vida.

No século XIX, um número enorme de famílias camponesas que deixaram de ser capazes de se sustentar somente com o trabalho no campo passaram a buscar trabalho também nas indústrias. No final do século, por exemplo, era comum ver mulheres deixando as vilas em busca de trabalhos sazonais nas fábricas, geralmente realizando trabalhos que exigiam menos habilidades manuais. Somente entre os anos de 1885 e 1911, o número de mulheres trabalhando nas indústrias cresceu de 7 mil para 47 mil. Além disso, uma grande parte das mulheres que saíam do campo para encontrar emprego nas cidades trabalhavam como empregadas domésticas. Ao mesmo tempo, por conta do aumento do número de greves e paralisações nas fábricas organizadas pelos homens operários que reivindicavam melhores condições de trabalho e melhores salários, os empregadores passaram a contratar mulheres, consideradas mais dóceis e fáceis de lidar, além de menos propensas a greves. Por conta disso, somente nos anos 1900 e 1901, o número de mulheres trabalhando nas fábricas aumentou em 12 mil, enquanto o número de homens decresceu em 13 mil (Porter, 2014).

Ao mesmo tempo, com esse grande contingente de trabalhadoras empregadas nas cidades, as condições de trabalho a que estavam submetidas as operárias eram totalmente insalubres, principalmente na indústria têxtil, onde as mulheres eram a grande maioria. Junto a essas questões está o fato de que a entrada dessas mulheres nas indústrias não foi acompanhada por uma diminuição da sua responsabilidade na esfera doméstica. À medida que cada vez mais mulheres se viam necessitadas de buscarem empregos nas fábricas, problemas como um crescente número de mortalidade infantil, questões crônicas de saúde e crianças negligenciadas passaram a ser cada vez mais comuns (Goldman, 2014; Porter, 2014). Sem nenhuma proteção à maternidade, muitas vezes as mulheres eram obrigadas a trabalhar até os últimos dias de gravidez, quando não pariam seus filhos nas fábricas. Ao mesmo tempo, devido à carga doméstica, se viam impedidas de terem acesso à esfera pública ou política como os homens.

É justamente sobre esse período que a autora trata no primeiro texto dessa seção, "Sobre a história do movimento de mulheres trabalhadoras", de 1920. Nele, Kollontai nos mostra um quadro vívido da situação das mulheres em fins do século XIX e início do século XX em uma Rússia extremamente desigual, ainda sob o regime tsarista, e como essa desigualdade se refletia na posição das mulheres e na postura que tinham perante a luta. Enquanto as mulheres da chamada *intelligentsia*, como artistas e intelectuais, se reuniam em comitês, se organizavam para fazer a agitação e propaganda, se inteiravam do debate levado adiante nos círculos revolucionários, as mulheres operárias se viam em uma situação completamente adversa, trabalhando mais de 12 horas por dia em condições insalubres e completamente desprovidas de direitos. Além disso, a grande maioria dessas operárias não sabia ler. Entretanto, isso não impediu que as trabalhadoras a se organizarem em greves que, principalmente no setor têxtil, agitaram esse período.

Antes de 1890 houve uma série de movimentos em resposta à situação nas fábricas, movimentos aos quais as mulheres se juntaram em peso. No final da década de 1890, uma série de mobilizações e paralisações aconteceu principalmente nas fábricas que empregavam majoritariamente mulheres, e que lutavam pela melhoria das condições de trabalho. As trabalhadoras também se fizeram presentes em peso em 1905, no episódio que ficou conhecido como Domingo Sangrento, e se uniram às manifestações. O ano de 1905, além disso, é apontado pela autora como decisivo para a organização da classe. Conforme nos afirma Kollontai, no texto "Sobre a história dos movimentos de mulheres trabalhadoras na Rússia":

> A ideia de igualdade civil para as mulheres, agora implementada na Rússia soviética, espalhou-se pela sociedade não pelos esforços heroicos de mulheres individuais com personalidades fortes, nem pela luta das feministas burguesas, mas pela pressão espontânea das grandes massas de mulheres trabalhadoras e camponesas, que haviam despertado para a vida pelo trovão da Primeira Revolução russa em 1905. (ver adiante, à p. 203)

Esse despertar, conforme nos deixa claro Kollontai, foi fruto de muita mobilização política e de muita resistência, contribuindo para que as trabalhadoras tivessem papel central nas mobilizações que deflagraram a Revolução de Outubro. Além disso, como exemplificado pela própria autora, as trabalhadoras também estiveram ativamente presentes ao longo da construção da sociedade soviética pós-revolução, sendo responsáveis pela conquista de vários direitos para as mulheres e estando presentes em cargos importantes no governo, nos exércitos e nas elaborações teóricas. Kollontai destaca como as mulheres se colocam no movimento a partir de reivindicações sobre os limites impostos pela própria condição de reprodução material de suas vidas, e como esse processo vai despertando uma consciência coletiva da importância da participação política nas questões que perpassam suas vidas. Pelas palavras da própria Kollontai:

> A mulher trabalhadora lutou incansavelmente, protestou corajosamente, sacrificou a si mesma heroicamente pela causa comum, e quanto mais ativa ela se tornou, mais rápido seu processo de despertar da consciência foi alcançado.

No processo de emancipação e participação política inédito das mulheres em sua época, "a mulher trabalhadora começou a notar o mundo ao seu redor, as injustiças decorrentes do sistema capitalista", despertando no movimento de mulheres a necessidade de se ocupar cargos nas instâncias deliberativas de decisões de partidos e nas eleições para o parlamento.

Resgatar, portanto, a memória da organização das trabalhadoras em prol da classe e da defesa dos direitos das mulheres é resgatar uma parte importante da história do feminismo classista em âmbito mundial. Uma memória e uma história muitas vezes invisibilizada. É nesse sentido que os textos que se seguem apresentam uma importante perspectiva tanto das conquistas das mulheres como do papel desempenhado por várias companheiras. Contribuem para o resgate dessa história e da memória da luta das mulheres, bem como para o o resgate do nome e do trabalho de companheiras e dos importantes papéis por elas assumidos, muitas vezes invisibilizados.

A revolução russa, mesmo mais de cem anos depois da sua deflagração, continua nos ensinando muitas lições importantes e, o que pretendemos demonstrar com os textos da próxima sessão é que o protagonismo das mulheres e as suas conquistas são parte dessa herança e que, na conjuntura atual, na qual a questão de gênero continua a se apresentar como um grande tema, esses ensinamentos se fazem ainda mais relevantes. Resgatar essa memória das mulheres na revolução é fazer jus a um capítulo riquíssimo da história em termos de organização popular, participação feminina e de construção de uma nova sociedade.

Ao mesmo tempo, a elucidação dessas memórias, fruto dos debates realizados na época e das ações concretas que ocorreram durante os primeiros anos da Revolução, nos mostram que pensar a construção de uma nova sociedade exige que sejam repensadas também as formas tradicionais de organização da família e o papel do Estado nas relações sociais. A participação ativa das mulheres na construção dessa sociedade só é possível se questões como a maternidade e a esfera da reprodução são debatidas enquanto uma questão da sociedade como um todo, e não somente na esfera familiar, no espaço privado. Isso nos mostra que o cuidado com as crianças e com as tarefas domésticas, longe de serem assuntos privados, dizem respeito à construção de uma sociedade que proporcione uma verdadeira equidade para todos os seus e suas cidadãs.

Referências

GOLDMAN, Wendy. *Mulher, Estado e revolução:* política da família soviética e da vida social entre 1917 e 1936. São Paulo: Boitempo Editorial, 2014.

PORTER, Cathy. *Alexandra Kollontai:* A biography. Chicago: Haymarket Books, 2014 [1980].

SOBRE A HISTÓRIA DOS MOVIMENTOS DE MULHERES TRABALHADORAS NA RÚSSIA (1920)[1]

Que ano poderia ser considerado o início do movimento das mulheres trabalhadoras na Rússia? Em sua essência, o movimento das mulheres trabalhadoras está inseparavelmente ligado ao movimento proletário como um todo indivisível. A mulher trabalhadora, como membro da classe proletária, como alguém que vende sua força de trabalho, também se levantava em revolta com os trabalhadores todas as vezes em que eles se opunham à violação de seus direitos humanos, participavam junto e em pé de igualdade com os trabalhadores em todas as revoltas operárias, em todas as revoltas de fábrica tão odiadas pelo tsarismo.

Por esta razão, o início do movimento das mulheres trabalhadoras na Rússia coincide com os primeiros sinais do despertar da autoconsciência de classe no proletariado russo e com suas primeiras tentativas, por meio de pressão combinada, greves e paralisações, de alcançar condições de existência mais toleráveis, menos humilhantes e miseráveis.

As trabalhadoras participaram ativamente das revoltas operárias na fábrica de Krenholm em 1872 e na fábrica têxtil

---

1 Tradução do inglês: Maísa Maria Baptista Prates do Amaral e Renata Couto Moreira. Fonte: *Alexandra Kollontai: Selected Articles and Speeches*, Progress Publishers, 1984.

Lazeryev, em Moscou, em 1874. Elas estavam envolvidas na greve de 1878 na Nova Fiação de Algodão, em Petrogrado, e lideraram a greve dos tecelões na famosa manifestação dos trabalhadores em Orekhovo-Zuyevo, durante a qual os edifícios das fábricas foram destruídos. Como resultado, o governo tsarista foi forçado a apressar a legislação proibindo o trabalho noturno para mulheres e crianças, que entrou em vigor em 3 de junho de 1885.

Não foi por acaso que a onda espontânea de greves que abalou a Rússia proletária na década de 1870 e início da década de 1880 tenha afetado principalmente a indústria têxtil, cuja maioria da força de trabalho é composta por mão de obra feminina barata. Os distúrbios da década de 1870 e início da década de 1880 ocorreram por razões puramente econômicas, provocados pelo desemprego e pela contínua crise na indústria algodoeira. No entanto, não é de se admirar que esta "garota de fábrica", subjugada, sem direitos, oprimida pelo trabalho excessivo e politicamente ignorante, desprezada até pela metade feminina da pequena burguesia urbana e mantida à distância por mulheres camponesas que se agarravam tenazmente a velhas tradições, deveria estar na linha de frente dos que lutam pelos direitos da classe trabalhadora, pela emancipação das mulheres? As duras condições de vida por si só obrigaram a operária a se opor abertamente ao poder dos patrões e à escravização do capital. No entanto, ao lutar pelos direitos e interesses de sua classe, a mulher trabalhadora preparava, involuntariamente, o caminho para a emancipação das mulheres das correntes que ainda pesavam sobre elas, em particular, e criavam desigualdade de *status* e condições entre homens e mulheres trabalhadoras, mesmo dentro da estrutura de uma única classe trabalhadora.

Durante a nova e intensificada onda de agitação dos trabalhadores em meados e final da década de 1890, as mulheres trabalhadoras voltaram a ser regularmente participantes ativas nas revoltas dos trabalhadores. A "Revolta de Abril" na fábrica de Yaroslavl, em 1895, recebeu o apoio vigoroso das tecelãs. As mulheres trabalhadoras também não foram menos ativas do que seus camaradas homens durante as greves entre 1894-1895 em São Petersburgo. No verão de 1896, quando São Petersburgo se tornou o cenário da histórica greve dos operários têxteis, as mulheres tecelãs saíram corajosa e unanimemente das oficinas ao lado dos homens tecelões. Que diferença faz se em casa crianças famintas estejam esperando pelas mães trabalhadoras? Que diferença faz se a greve traga consigo a ameaça de demissão, de exílio ou de prisão? A causa comum da classe é mais importante, mais sagrada que os sentimentos maternos, que a preocupação com a família, com o bem-estar pessoal e familiar!

Em um momento de agitações e greves a mulher trabalhadora, oprimida, tímida, sem direitos, levanta-se totalmente e coloca-se em igualdade enquanto lutadora e companheira. Essa transformação ocorre de forma inconsciente, espontânea, mas é importante e significativa. É o caminho pelo qual o movimento operário está levando a mulher trabalhadora à libertação, não apenas como vendedora de seu trabalho, mas também como mulher, esposa, mãe e dona de casa.

No final da década de 1890 e início do século XX, houve uma série de mobilizações e greves em fábricas que empregavam principalmente mulheres: nas fábricas de processamento de tabaco (Shanshai), nas fiações e tecelagens (Maxwell) em Petrogrado etc. O movimento da classe trabalhadora na Rússia está ganhando força, se organizando, tomando forma. Assim como a resistência de classe entre o proletariado feminino.

No entanto, antes do importante ano da primeira Revolução Russa, o movimento era basicamente de natureza econômica. Os lemas políticos tinham de ser ocultados ou apresentados de forma disfarçada. Um instinto saudável de classe levava as mulheres trabalhadoras a apoiar as greves, e não raramente as próprias mulheres organizavam e realizam "motins de fábrica". No entanto, tão logo passou a onda da acirrada luta grevista, e os trabalhadores voltaram ao trabalho, vitoriosos ou derrotados, tão logo as mulheres voltaram a se isolar umas das outras, ainda inconscientes da necessidade de organização, da constante comunicação entre as camaradas. Naqueles anos, ainda era raro encontrar uma mulher trabalhadora nas organizações partidárias ilegais. Os objetivos amplos do Partido Socialista dos Trabalhadores ainda não haviam despertado o interesse da mulher trabalhadora, e ela permanecia indiferente aos lemas políticos universais. A vida levada por 6 milhões de mulheres proletárias na Rússia no início do século XX ainda era muito obscura, muito pouco visibilizada, e sua existência repleta de fome, privações e humilhações. Uma jornada de trabalho de 12 horas, ou de 11 horas no melhor dos casos, um salário de fome de 12 a 15 rublos por mês, alojamento em barracões superlotados, ausência de qualquer forma de assistência do Estado ou da sociedade em caso de doença, gravidez ou desemprego, a impossibilidade de organizar a ajuda mútua em um momento em que o governo tsarista perseguia ferozmente qualquer tentativa de organização dos trabalhadores – essas eram as condições que limitavam a mulher trabalhadora. Suas costas estavam encurvadas pelo peso intolerável da opressão, e sua alma, aterrorizada pelo espectro da pobreza e da fome; recusavam-se a acreditar em um futuro melhor e na possibilidade de lutar para se livrar do jugo do tsarismo e do capital.

No início do século XX, as mulheres trabalhadoras evitavam a política e a luta revolucionária. O movimento socialista na Rússia podia, é verdade, se orgulhar da abundância de mulheres encantadoras e heroicas que, por meio do seu trabalho enérgico e abnegado, ajudaram a consolidar o movimento clandestino e prepararam o caminho para a explosão revolucionária que ocorreu nos anos que se seguiram. No entanto, nenhuma dessas mulheres – desde as primeiras mulheres socialistas como Sofia Bardina ou as irmãs Leshern, cheias de charme e beleza interior, até a obstinada Sofia Perovskaya – eram representantes do proletariado feminino. Na maioria dos casos, essas eram as jovens às quais Turguêniev dedicou seu poema em prosa *O limiar*, meninas de origem rica e aristocrática que deixaram suas casas paternas, romperam com seu passado próspero e "foram ao povo" para espalhar a propaganda revolucionária e a luta contra a injustiça social, esforçando-se para redimir os "pecados de seus pais". Mesmo muito mais tarde, na década de 1890 e início do século XX, quando o marxismo já havia se enraizado no movimento operário russo, o número de mulheres trabalhadoras envolvidas no movimento era muito pequeno. As membras ativas das organizações clandestinas naqueles anos não eram mulheres trabalhadoras, mas mulheres da *intelligentsia* – estudantes, professoras, assistentes médicas e escritoras. Era raro encontrar uma "garota de fábrica" em uma reunião ilegal. As operárias também não frequentavam as aulas de domingo à noite fora dos limites da cidade de Petrogrado, que eram então o único método legal de difundir, sob o disfarce inocente da geografia ou da aritmética, as ideias do marxismo e do socialismo científico entre as amplas massas trabalhadoras. As mulheres trabalhadoras ainda lutavam tímidas pela vida, evitando o combate... ainda acreditando que seu destino era o forno, a tina e o berço.

A Primeira Revolução de 1905

Esse quadro muda radicalmente a partir do momento em que o espectro vermelho da revolução ofuscou a Rússia com suas asas de fogo. O ano revolucionário de 1905 provocou profundas ondas de choque nas massas trabalhadoras. O trabalhador russo sentiu pela primeira vez sua força, pela primeira vez percebeu que carregava nos ombros toda a riqueza nacional. A mulher operária proletária russa, colaboradora infalível em todas as manifestações políticas do proletariado nos anos revolucionários de 1905-1906, também estava desperta de seu sono. Ela era encontrada em todos os lugares. Se quiséssemos relatar os fatos da participação em massa das mulheres no movimento da época, enumerar todas as manifestações ativas de protesto e luta das mulheres trabalhadoras, recordar todas as ações altruístas empreendidas pelas mulheres proletárias, sua lealdade aos ideais do socialismo, então teríamos que reconstruir, cena por cena, toda a história da Revolução Russa de 1905.

Muitos ainda se lembram daqueles anos cheios de romantismo. A imagem da mulher trabalhadora, ainda "incompleta", mas já despertando para a vida, com seus olhos observadores e esperançosos voltados para o orador em reuniões lotadas, carregadas de entusiasmo contagiante, vive mais uma vez na memória. Os rostos das mulheres, cheios de energia concentrada e ânimo inabalável, podiam ser vistos entre as fileiras cerradas da memorável passeata dos trabalhadores do 9 de janeiro, o Domingo Sangrento. Um sol excepcionalmente brilhante para São Petersburgo iluminava esta proposital, solene e silenciosa passeata, iluminando os rostos das mulheres, tão numerosos entre a multidão. As mulheres pagaram o preço pelas ilusões ingênuas e pela confiança inocente: a mulher operária, jovem, esposa trabalhadora, foi uma figura comum entre as vítimas em massa daquele dia de janeiro. O *slogan* "Greve Geral", que passava de oficina em oficina, foi levantado por essas mulheres, que até ontem não tinham consciência de classe, e obrigou algumas delas a serem as primeiras a abandonarem o trabalho.

As mulheres trabalhadoras nas províncias não ficam atrás de suas camaradas na capital. Nos dias de Outubro, esgotadas pelo trabalho e por suas duras existências à beira da fome, as mulheres deixaram as fábricas e, em nome de uma causa comum, corajosamente privaram suas crianças de seu último pedaço de pão... Com palavras simples e comoventes, a mulher trabalhadora faz um apelo a seus camaradas homens, sugerindo que eles também deixassem seu trabalho; ela mantém o espírito daqueles em greve, exalando energia aos que vacilam. A mulher trabalhadora lutou incansavelmente, protestou corajosamente, sacrificou a si mesma heroicamente pela causa comum, e quanto mais ativa ela se tornava, mais rápido era alcançado seu processo de despertar da consciência. A mulher trabalhadora começou a notar o mundo ao seu redor, das injustiças decorrentes do sistema capitalista. Ela se tornou mais dolorosa e agudamente consciente da amargura de todos seus sofrimentos e tristezas. Ao lado das demandas proletárias comuns, pode-se ouvir ainda mais distintamente as vozes das mulheres da classe trabalhadora, recordando as necessidades e exigências das mulheres trabalhadoras. Nos tempos das eleições para a comissão de Shidlovsky, em março de 1905, a recusa em admitir mulheres como delegadas dos trabalhadores provocou murmúrios de descontentamento entre as mulheres: os sofrimentos e sacrifícios pelos quais elas haviam passado recentemente aproximaram homens e mulheres da classe trabalhadora, colocando-os em pé de igualdade. Parecia particularmente injusto, naquele momento, voltar-se para a mulher lutadora e cidadã e realçar sua milenar falta de direitos. Quando a comissão de Shidlovsky se recusou a reconhecer a mulher escolhida como uma entre os sete delegados dos trabalhadores têxteis de Sampsoniyevsky, as trabalhadoras, indignadas, representando diversas trabalhadoras têxteis, decidiram apresentar à comissão a seguinte declaração de protesto:

> Mulheres deputadas representando mulheres trabalhadoras não são admitidas na comissão sob sua presidência. Nós acreditamos que tal decisão é injusta. Mulheres trabalhadoras predominam nas fábricas e moinhos de São Petersburgo. O número de mulheres empregadas em fiações e tecelagens está crescendo todo ano porque os homens estão se mudando para fábricas que oferecem melhores salários. Nós, as mulheres trabalhadoras, suportamos uma carga mais pesada de trabalho. Por causa do nosso desamparo e da falta de direitos, nós somos mais reprimidas por nossos camaradas, e recebemos menos. Quando essa comissão foi anunciada, nossos corações se encheram de esperança; finalmente está chegando o momento – nós pensamos – em que a mulher trabalhadora em São Petersburgo poderá falar a toda a Rússia em nome de todas as suas irmãs trabalhadoras sobre a opressão, erros e humilhações das quais o trabalhador homem nada conhece. E então, quando nós já tínhamos escolhido nossas deputadas, fomos informadas que apenas homens poderiam ser deputados. No entanto, nós temos a esperança de que esta não seja a sua decisão final...

A recusa em permitir às mulheres trabalhadoras o direito de representação e sua expulsão da vida política constituiu uma flagrante injustiça para toda aquela parcela da população feminina que carregava em seus ombros o fardo da luta de libertação. Mulheres trabalhadoras repetidamente participaram das reuniões pré-eleitorais durante as campanhas para a Primeira e Segunda Dumas, e protestaram ruidosamente contra uma lei que as privou de qualquer poder de voz em assuntos tão importantes como a eleição de uma representante no parlamento russo. Houve situações em Moscou, por exemplo, em que mulheres trabalhadoras compareceram às reuniões de eleitores, interromperam a reunião e protestaram contra a forma como as eleições estavam sendo conduzidas.

Que as mulheres trabalhadoras não eram mais indiferentes à sua falta de direitos também foi demonstrado pelo fato de que, das 40 mil assinaturas em petições endereçadas à Primeira e Segunda Dumas Eleitorais com a demanda de que os direitos eleitorais fossem estendidos também às mulheres, a grande maioria era de mulheres trabalhadoras. A coleta de assinaturas foi organizada pela Aliança para a Igualdade Feminina e outras organizações de mulheres burguesas, e realizada em indústrias e fábricas. O fato de que as mulheres trabalhadoras assinaram voluntariamente as petições elaboradas por mulheres burguesas também revela que a consciência política das mulheres trabalhadoras estava ainda despertando, que elas estavam dando seus primeiros e hesitantes passos, mesmo ainda parando no meio do caminho. As mulheres trabalhadoras estavam se conscientizando de suas privações e falta de direitos políticos, mas eram ainda incapazes de ligar este fato com a luta comum de sua própria classe. Eram incapazes de encontrar o caminho correto que levaria as mulheres proletárias para sua emancipação plena e abrangente. A mulher trabalhadora ainda aceita ingenuamente a mão estendida a ela pelas feministas burguesas. As sufragistas voltaram-se para as mulheres trabalhadoras na esperança de trazê-las para seu lado, obter seu apoio e organizá-las em alianças puramente femininas, supostamente sem classes, mas essencialmente burguesas. Entretanto, um saudável instinto de classe e uma profunda desconfiança das "boas damas" salvou as mulheres trabalhadoras de serem atraídas ao feminismo e impediu qualquer confraternização longa e estável com as sufragistas burguesas.

Os anos de 1905 e 1906 foram marcados por um número particularmente grande de reuniões, às quais compareceram avidamente as mulheres trabalhadoras. Elas ouviram atentamente as vozes das sufragistas burguesas, mas o que lhes era oferecido não satisfazia as necessidades urgentes daquelas escravizadas pelo capital, e não despertava nenhuma resposta sincera. As mulheres da classe trabalhadora estavam exaustas pelo fardo das condições de trabalho intoleráveis, da fome e da insegurança material de suas famílias; suas demandas imediatas eram: uma jornada de trabalho menor, maiores salários, uma atitude mais humana por parte da administração das fábricas, menos vigilância policial, mais liberdade de ação. Todas estas demandas eram estranhas para o feminismo burguês. As sufragistas se aproximaram das mulheres trabalhadoras com causas e aspirações estritamente femininas. Elas não entendiam e não podiam entender a natureza de classe do emergente movimento de mulheres trabalhadoras. Elas estavam particularmente desapontadas com as empregadas domésticas. Por iniciativa das feministas burguesas, as primeiras reuniões de empregadas domésticas foram realizadas em São Petersburgo e Moscou em 1905. As empregadas domésticas responderam ansiosamente a este chamado de organização e apareceram nas primeiras reuniões em grande número. Contudo, quando a Aliança pela Igualdade Feminina[2] tentou organizá-las de acordo com seu próprio gosto, ou seja, criar uma aliança idílica e mista entre as empregadas domésticas e suas empregadoras, as empregadas domésticas se afastaram das sufragistas e, para o desapontamento das senhoras burguesas, "se apressaram a se juntar ao seu próprio partido de classe, organizando seus próprios sindicatos especiais". Tal era a situação em Moscou,

[2] Fundada em 1905, em Moscou. (N.T.)

Vladimir, Penza, Kharkov e em várias outras cidades. O mesmo destino tiveram as tentativas de outra organização de mulheres ainda mais à direita, o Partido Progressista das Mulheres, que tentou organizar empregadas domésticas sob o olhar atento de suas patroas. O movimento das empregadas domésticas extravasou os limites predeterminados a ele pelas feministas. Basta olhar para os jornais de 1905 e se vê que são abundantes em reportagens sobre ações diretas das empregadas domésticas, mesmo nas regiões mais remotas da Rússia. As ações tomaram a forma de greves de massas e de manifestações de rua. As greves envolviam cozinheiras, lavadeiras e empregadas; havia greves de acordo com as profissões e greves que uniam todas as "empregadas domésticas". Estes protestos de empregadas domésticas espalharam-se como uma infecção de um lugar para outro. As demandas das empregadas domésticas normalmente limitavam-se a jornadas de trabalho de oito horas, um salário mínimo, condições mais toleráveis de moradia (um quarto separado), um melhor tratamento por parte dos empregadores etc.

Esse despertar político das mulheres não se limitou, a propósito, à população pobre urbana. Pela primeira vez na Rússia, a mulher camponesa russa também levantou sua voz persistente e determinadamente. O fim de 1904 e todo 1905 foi um período de contínuas "rebeliões de anáguas", desencadeadas pela guerra contra o Japão. Todos os horrores e privações, todos os males sociais e econômicos que resultaram desta guerra malfadada, pesavam sobre a mulher camponesa, esposa e mãe. O recrutamento dos soldados da reserva colocou uma dupla carga de trabalho e preocupações em seus ombros já sobrecarregados, e a forçou, até então dependente e com medo de tudo o que estava além do círculo de seus interesses domésticos, a encarar forças hostis anteriormente insuspeitas, e a tomar consciência de toda sua humilhação e privação, drenando até a última gota do cálice amargo de injustiças... Analfabetas e oprimidas, as mulheres camponesas deixaram pela primeira vez suas casas e vilas e correram para as cidades, desgastando os degraus dos escritórios do governo na tentativa de obter notícias de seus maridos, filhos e pais, para pedir ajuda financeira e defender seus interesses... A total ausência de direitos que era o que lhe cabia ao camponês, as mentiras e injustiças da ordem social existente foram desnudadas, em toda sua feiura, frente à confusa mulher camponesa... Ela retornou da cidade sóbria e endurecida, carregando em seu coração um suprimento inesgotável de amargura, ódio e raiva... No verão de 1905, toda uma série de "rebeliões de anáguas" estourou ao sul. Cheias de raiva e com uma ousadia surpreendente para mulheres, as camponesas atacaram os quartéis-generais de militares e policiais onde o exército de recrutas estava retido, pegaram seus homens e os levaram para casa. Armadas com rastelos, forquilhas e vassouras, as mulheres camponesas expulsaram os guardas armados das vilas. Elas protestavam da sua própria forma contra o fardo intolerável da guerra. Elas foram, é claro, presas, julgadas e punidas severamente, porém as "rebeliões de anáguas" continuaram. Neste protesto, os interesses camponeses e dos interesses puramente "femininos" estavam tão entrelaçados que não havia motivos para dividi-los e classificar as "rebeliões de anáguas" como parte do "movimento feminista".

Após as "demonstrações políticas" das mulheres camponesas vieram uma série de "rebeliões de anáguas" por motivos econômicos. Este foi um período de agitações camponesas e greves agrícolas universais. As "anáguas" algumas vezes iniciavam estas agitações, arrastando os homens atrás delas. Havia casos em que, tendo falhado em envolver os homens, as mulheres marchavam para as mansões elas mesmas para apresentar suas demandas e ultimatos. Armando-se com qualquer coisa que estivesse às mãos, elas iam à frente dos homens para enfrentar a polícia. A mulher camponesa, oprimida e humilhada por séculos, de repente tornou-se uma das figuras centrais na cena política. Durante todo o período revolucionário, as mulheres camponesas permaneceram sempre unidas com seus homens, guardaram e defenderam os interesses camponeses, e com um incrível tato e sensibilidade, referiram-se, em especial, às necessidades das mulheres somente quando não colocavam em risco a causa comum camponesa.

Isso não significava que as mulheres camponesas eram indiferentes às suas necessidades enquanto mulheres, que elas as ignoraram. Ao contrário, a massa emergente de mulheres camponesas na arena política e sua participação em massa na luta comum reforçaram e desenvolveram seu autoconhecimento feminino. Em novembro de 1905, as mulheres camponesas da província de Voronezh enviaram duas de suas próprias deputadas ao congresso dos camponeses com instruções do encontro das mulheres para demandar "direitos políticos" e "liberdade" para as mulheres em pé de igualdade com os homens.[3]

A população camponesa feminina do Cáucaso defendeu seus direitos com particular vigor. As mulheres camponesas de

[3] Basta lembrar os pedidos históricos escritos e enviados pelas mulheres camponesas das províncias de Voronezh e Tver à Primeira Duma Estadual, ou o telegrama enviado pelas mulheres camponesas da Vila de Nogatkino ao deputado Aladyn: "Neste grande momento na batalha entre direitos e poderes, nós, as mulheres camponesas da Vila de Nogatkino, saudamos os delegados eleitos do povo que tenham expressado sua desconfiança no governo exigindo a demissão do ministério. Nós esperamos que os representantes que têm apoio do povo deem ao povo terra e liberdade, que abram as portas das prisões e libertem aqueles que lutaram pela liberdade e felicidade do povo, e que ganhem direitos civis e políticos tanto para si quanto para nós, mulheres russas, que estamos sem direitos mesmo dentro de nossas famílias. Lembrem-se de que uma mulher escravizada não pode ser mãe de um cidadão livre." (Assinado – a porta-voz de 75 mulheres de Nogatkino.) (N.A.)

Guria, no encontro de vilas na província de Kutaisi, adotaram resoluções demandando igualdade política com os homens. Nos encontros rurais e urbanos realizados para discutir a introdução dos *zemstvos* na Transcaucásia, os deputados representantes da população local incluíram mulheres georgianas que insistiram em seus direitos como mulheres.

Ao exigir igualdade política, as mulheres camponesas naturalmente sempre levantaram suas vozes em defesa dos seus interesses econômicos; a questão da "distribuição" de terra era de interesse da mulher camponesa tanto quanto do homem camponês. Em algumas regiões, mulheres camponesas que apoiaram com entusiasmo a ideia da expropriação de terras privadas arrefeceram em seu apoio a esta medida quando surgiu o questionamento se as mulheres deveriam ser levadas em conta para a determinação do tamanho do lote. "Se a terra for retirada dos proprietários e dada apenas aos homens", as mulheres argumentaram, ansiosamente,

> então nós iremos encarar uma real escravidão. No presente nós podemos ao menos ganhar uns poucos copeques por nossa própria conta, ao passo que, se isso acontecesse, nós estaríamos simplesmente trabalhando para os homens.

Todavia, os temores das mulheres camponesas revelaram-se totalmente infundados; simples cálculos econômicos obrigaram o campesinato a insistir que a terra também fosse dada às mulheres. Os interesses agrários das frações de mulheres e homens camponeses estão tão intimamente entrelaçados que os homens, na luta para abolir a escravidão agrícola existente para si mesmos, inevitavelmente defenderam ao mesmo tempo os mesmos interesses econômicos de suas mulheres.

Contudo, na luta por interesses econômicos e políticos do campesinato como um todo, a mulher camponesa também aprendeu a lutar por suas próprias necessidades e condições específicas enquanto mulher. O mesmo valeu para a mulher trabalhadora; em sua participação firme no movimento de libertação como um todo ela, mais ainda que a mulher camponesa, preparou a opinião pública para aceitar o princípio da igualdade feminina. A ideia de igualdade civil para as mulheres, agora implementada na Rússia soviética, espalhou-se pela sociedade não pelos esforços heroicos de mulheres individuais com personalidades fortes, nem pela luta das feministas burguesas, mas pela pressão espontânea das grandes massas de mulheres trabalhadoras e camponesas, que haviam despertado para a vida pelo trovão da Primeira Revolução Russa em 1905.

Em 1909, no meu livro *As bases sociais da questão das mulheres*, eu disse, argumentando contra as feministas burguesas, contra quem todo o meu livro é direcionado:

> se a mulher camponesa consegue alcançar no futuro próximo uma melhoria em sua posição doméstica, econômica e legal, isso naturalmente será graças unicamente aos esforços combinados e unidos da democracia camponesa direcionados para obter o cumprimento das demandas camponesas as quais, de uma forma ou outra, continuam sendo ouvidas no meio camponês. As tentativas das feministas de 'abrir o caminho para as mulheres' são aqui irrelevantes... Se a mulher camponesa se liberta da atual escravidão agrária, ela irá receber mais do que todas as organizações feministas postas juntas poderiam lhe dar.

Estas palavras, escritas dez anos atrás, agora foram totalmente provadas. A Grande Revolução de Outubro não só cumpriu com a demanda básica e urgente do campesinato de ambos os sexos de que a terra seja transferida para as mãos de quem nela trabalha, mas também elevou a mulher camponesa à posição honrável de cidadã livre igual em todos os aspectos, e agora escravizada apenas pelos métodos de trabalho da agricultura e pelas ainda persistentes tradições e costumes familiares.

Aquilo com o que as mulheres trabalhadoras e camponesas poderiam sonhar nos dias da Primeira Revolução Russa em 1905 se converteu em realidade pela Grande Revolução de Outubro de 1917.

A mulher na Rússia alcançou a igualdade política. Entretanto, ela deve esta conquista não à cooperação com as sufragistas burguesas, mas a uma luta em conjunto e unida com suas camaradas trabalhadoras nas fileiras de sua própria classe trabalhadora.

MULHERES MILITANTES NOS DIAS DA GRANDE REVOLUÇÃO DE OUTUBRO (1927)[1]

As mulheres que participaram na Grande Revolução de Outubro – quem eram elas? Indivíduos isolados? Não, havia multidões delas; dezenas, centenas e milhares de heroínas anônimas que, marchando lado a lado com os operários e camponeses sob a Bandeira Vermelha e as palavras de ordem dos Sovietes, passaram por cima das ruínas da teocracia tsarista rumo a um novo futuro...

Ao olhar para o passado, é possível vê-las, essa massa de heroínas anônimas que Outubro encontrou vivendo nas cidades famintas, em aldeias empobrecidas e saqueadas pela guerra... O lenço na cabeça (muito raramente, até agora, um lenço vermelho), uma saia gasta, uma jaqueta de inverno remendada... Jovens e velhas, mulheres trabalhadoras e esposas de soldados, camponesas e donas de casa das cidades pobres. Mais raramente, muito mais raramente naqueles dias, secretárias e mulheres com profissões, mulheres cultas e educadas. Mas havia também mulheres da *intelligentsia*[2] entre aqueles

[1] Traduzido do inglês por Fernando A. S. Araújo. Fonte: *Alexandra Kollontai: Selected Articles and Speeches*, Progress Publishers, 1984. Versão revisada pela Expressão Popular do texto disponibilizado no portal Marxist.org.

[2] Se refere ao grupo de intelectuais de um país, geralmente a vanguarda intelectual e artística. Especificamente, a classe dos intelectuais na Rússia tsarista no século XIX, sobretudo sua vanguarda política. Na Rússia, pesquisas remetem ao movimento da *intelligentsia* que teve início em 1840, e

que carregavam a Bandeira Vermelha à vitória de Outubro – professoras, empregadas de escritório, jovens estudantes nas escolas e universidades, médicas. Elas marchavam alegremente, generosamente, cheias de determinação. Elas iam a qualquer parte que fossem enviadas. Para a Guerra? Elas colocavam o quepe de soldado e tornavam-se combatentes no Exército Vermelho. Se elas portassem fitas vermelhas no braço, então corriam para as estações de primeiros socorros para ajudar o *front* Vermelho contra Kerenski na Gatchina. Trabalhavam nas comunicações do Exército. Trabalhavam felizes, convictas de que alguma coisa significativa estava acontecendo, e de que nós somos todas pequenas engrenagens na única classe revolucionária.

Nas aldeias, as mulheres camponesas (seus maridos tinham sido enviados para a Guerra) tomavam a terra dos proprietários e arrancavam a aristocracia dos postos onde ela havia se instalado por séculos.

Quando os acontecimentos de Outubro são lembrados, não se veem faces individuais, mas massas. Massas sem número, como ondas de humanidade. Mas para onde quer que olhe, há mulheres – em comícios, assembleias, manifestações...

Elas ainda não tinham certeza do que exatamente queriam, pelo que lutavam, mas sabiam uma coisa: não iriam continuar suportando a guerra. Também não suportavam mais os proprietários de terras e ricos... No ano de 1917, o grande oceano de humanidade se levanta e se agita, e a maior parte desse oceano é feita de mulheres...

Algum dia, a história registrará as proezas dessas heroínas anônimas da revolução, que morreram na guerra, que

---

pretendia a reconstrução da sociedade sobre bases racionais: substituição do absolutismo dos tsares por um sistema político constitucional, o fim da servidão e a defesa dos direitos fundamentais do homem. (N.O.)

foram assassinadas pelos Brancos e amargaram incontáveis privações nos primeiros anos seguintes à revolução, mas que continuaram a carregar nas costas o Estandarte Vermelho do Poder Soviético e do comunismo.

É em homenagem àquelas heroínas anônimas, que morreram para conquistar uma nova vida para a população trabalhadora durante a Grande Revolução de Outubro, que a nova república agora se curva em reconhecimento, assim como ao seu povo jovem, alegre e entusiástico, que começa a construir as bases do socialismo.

Entretanto, desse mar de mulheres de lenços e quepes surrados, inevitavelmente emergem as figuras daquelas a quem os historiadores devotarão atenção particular, quando, muitos anos depois, eles escreverem sobre a Grande Revolução de Outubro e seu líder, Lenin.

A primeira figura que emerge é a da fiel companheira de Lenin, Nadezhda Konstantinovna Krupskaya, usando seu vestido cinza liso e sempre se esforçando para permanecer em segundo plano. Ela poderia passar despercebida por uma assembleia e colocar-se embaixo de algum pilar, mas via e ouvia tudo, observando tudo o que acontecia, para mais tarde poder fornecer um relato completo para Vladimir Ilich, adicionar seus próprios hábeis comentários e expor uma ideia sensata, apropriada e conveniente.

Naqueles dias, Nadezhda Konstantinovna não falou nas numerosas e turbulentas assembleias nas quais as pessoas giravam em torno da grande questão: os Sovietes conquistariam o poder ou não? Mas ela trabalhou incansavelmente como braço direito de Vladimir Ilich, ocasionalmente dando depoimentos e relatando críticas nas reuniões do partido. Em momentos de grande dificuldade e perigo, quando muitos camaradas firmes perderam o ânimo e sucumbiram às dúvidas, Nadezhda

Konstantinovna permaneceu sempre a mesma, totalmente convencida da justiça da causa e de sua vitória certa. Ela irradiava uma inabalável confiança, e sua firmeza de espírito, escondida sob uma rara modéstia, sempre contaminava com seu ânimo todos aqueles que entravam em contato com a companheira do grande líder da Revolução de Outubro.

Outra figura se destaca – outra leal parceira de Vladimir Ilich, uma camarada de armas durante os anos difíceis do trabalho clandestino, secretária do Comitê Central do Partido, Yelena Dmitriyevna Stassova. Inteligente, com uma rara precisão e uma excepcional capacidade para o trabalho, tinha uma rara habilidade para "apontar" as pessoas certas para o trabalho. Sua figura, alta e escultural, poderia ser vista no Soviete no palácio Tavricheski,[3] depois, na casa de Kshesinskaya, e, finalmente, em Smolny. Nas suas mãos, segurava um caderno de anotações, enquanto ao seu redor encontravam-se multidões de camaradas do *front*, trabalhadores, guardas vermelhos, membros do partido e dos Sovietes, buscando uma resposta rápida e clara ou uma ordem.

Stassova carregou a responsabilidade por muitos negócios importantes, mas se um camarada demonstrava necessidade ou angústia nesses dias tempestuosos, ela sempre podia auxiliar, fornecendo explicações, respostas aparentemente rudes, mas ela fazia o que estava ao seu alcance. Vivia sobrecarregada de trabalho, mas sempre estava a postos. No entanto, nunca avançou para a linha de frente, à vista. Ela não gostava de ser o centro das atenções. Sua preocupação não era com ela mesma, mas com a causa.

A nobre e estimada causa do comunismo levou Yelena Stassova a experimentar o exílio e a detenção nas peniten-

[3] Um dos maiores palácios históricos de São Petersburgo. (N.O.)

ciárias do regime tsarista, o que prejudicou sua saúde... Em nome da causa, ela era firme como aço. Mas em relação ao sofrimento de seus camaradas, ela demonstrava a sensibilidade e a receptividade que só se encontram em uma mulher com um coração afetuoso e nobre.

Klavdia Nikolayeva era uma mulher trabalhadora de origem muito humilde. Ela se uniu aos bolcheviques já em 1908, nos anos da reação, e suportou o exílio e a prisão... Em 1917 ela retornou a Leningrado e se tornou a organizadora da primeira revista para as mulheres trabalhadoras, *Kommunistka*. Ela ainda era jovem, cheia de ânimo e ansiedade. No entanto, segurava firmemente o estandarte, e corajosamente declarava que as trabalhadoras, esposas de soldados e camponesas precisavam ingressar no partido. Ao trabalho, mulheres! Vamos defender os Sovietes e o comunismo!

Ela discursava em comícios, ainda nervosa e insegura de si, mas já atraía as pessoas para segui-la. Ela foi uma das que carregaram no ombro todas as dificuldades envolvidas na preparação do caminho a se seguir, disseminando o envolvimento das mulheres na revolução, uma daquelas que lutaram em duas frentes – pelos Sovietes e o comunismo, e ao mesmo tempo para a emancipação das mulheres. Os nomes Klavdia Nikolayeva e Konkordia Samoilova, que morreram exercendo funções revolucionárias em 1921 (vítimas da cólera), estão indissoluvelmente ligados aos primeiros e mais difíceis passos dados pelo movimento das trabalhadoras, particularmente em Leningrado. Konkordia Samoilova foi uma militante do partido de incomparável abnegação e excelência, uma oradora metódica que sabia ganhar os corações das trabalhadoras. Aqueles que trabalhavam ao seu lado lembrarão por muito tempo de Konkordia Samoilova. Ela era simples nos costumes, simples na aparência, exigente na execução das decisões, rigorosa tanto com ela mesma como com os outros.

Particularmente notável é a gentil e encantadora figura de Inessa Armand, que foi incumbida de um trabalho partidário muito importante na preparação da Revolução de Outubro, e que depois contribuiu com muitas ideias criativas para o trabalho entre as mulheres. Com toda sua feminilidade e boas maneiras, Inessa Armand era inabalável em suas convicções e capaz de defender aquilo que ela acreditava ser correto, mesmo quando se deparava com temíveis oponentes. Depois da revolução, Inessa Armand se dedicou à organização do amplo movimento das trabalhadoras, e a conferência dos delegados foi sua criação.

Um imenso trabalho foi feito por Varvara Nikolayevna Yakovleva durante os difíceis e decisivos dias da Revolução de Outubro em Moscou. No campo de batalha das barricadas, ela mostrou a determinação digna de uma líder do quartel-general do partido. Muitos camaradas disseram na ocasião que sua determinação e coragem inabaláveis foram o que deu ânimo aos vacilantes e inspirou aqueles que haviam perdido suas forças. "Avante!" – para a vitória.

Ao recordarmos as mulheres que tomaram parte na Grande Revolução de Outubro, mais e mais nomes e rostos surgem como mágica da memória. Poderíamos deixar de honrar hoje a memória de Vera Slutskaya, que trabalhou de modo abnegado na preparação para a revolução e que foi assassinada pelos Cossacos no primeiro *front* Vermelho próximo a Petrogrado?

Podemos nos esquecer de Yevgenia Bosh, com seu temperamento inflamado, sempre pronta para a batalha? Ela também morreu no trabalho revolucionário.

Podemos omitir aqui dois nomes intimamente ligados com a vida e a atividade de V. I. Lenin – suas duas irmãs e camaradas de luta, Anna Ilyinichna Yelizarova e Maria Ilyinichna Ulyanova?

... E a camarada Varya, das oficinas de linhas de trem em Moscou, sempre animada, sempre inquieta? E Fyodorova, trabalhadora têxtil de Leningrado, com seu rosto amável e sorridente e seu destemor quando estava lutando nas barricadas?

É impossível listar todas elas, e quantas delas permanecem desconhecidas? As heroínas da Revolução de Outubro formavam todo um exército, e embora seus nomes estejam esquecidos, sua abnegação vive em cada vitória daquela revolução, em todos os ganhos e façanhas desfrutadas pelos trabalhadores da União Soviética.

É lógico e incontestável que, sem a participação das mulheres, a Revolução de Outubro não traria a Bandeira Vermelha da vitória. Glória às trabalhadoras que marcharam sob a bandeira vermelha durante a Revolução de Outubro. Glória à Revolução de Outubro que libertou as mulheres!

O QUE OUTUBRO DEU À MULHER OCIDENTAL (1927)[1]

O que a Revolução de Outubro alcançou no sentido da emancipação das mulheres trabalhadoras na União Soviética é bem conhecido por todos, é evidente e indiscutível. Entretanto, que efeito teve a Grande Revolução de Outubro sobre o movimento de emancipação das mulheres nos países burgueses afora? O que contribuiu para a criação da "nova mulher" envolvida nas tarefas e aspirações da classe trabalhadora?

A Guerra Mundial – que, na Europa e na América do Norte, *atraiu* enormes contingentes de mulheres das camadas mais pobres da população e daquelas com *meios moderados* para o turbilhão da produção e da administração estatal – sem dúvida acelerou consideravelmente a causa da emancipação feminina. O rápido crescimento do trabalho feminino trouxe consigo mudanças sem paralelo na vida familiar e no modo geral de vida das mulheres nos países burgueses. Entretanto, esse processo de emancipação feminina dificilmente teria avançado mais sem o poderoso exemplo da Revolução de Outubro. A Revolução de Outubro ajudou a realizar uma nova avaliação das mulheres, revelando e confirmando a visão

1 Traduzido do inglês por Lia Urbini. Fonte: *Alexandra Kollontai: Selected Articles and Speeches*. Nova York: Progress Publishers, 1984. Originalmente publicado na revista *огонек*, n. 41, Moscou, 9 de outubro de 1927.

das mulheres como unidades de trabalho socialmente úteis. Desde os primeiros dias da Revolução de Outubro ficou claro que as energias das mulheres são necessárias não só para o marido e a família, como se pensou por milhares de anos, mas também para a sociedade, todo o coletivo social, o Estado.

No entanto, que este fenômeno é um fato histórico inevitável, que a formação de um novo tipo de mulher está ligada a uma mudança geral em direção à criação de uma nova sociedade de trabalho, isso é algo que a burguesia não pode e não deseja reconhecer. Se não fosse a Revolução de Outubro, ainda se consideraria um fenômeno temporário o fato de a mulher trabalhar por seu próprio sustento, e que o lugar da mulher é na família, às sombras do marido provedor. A Revolução de Outubro mudou muitos conceitos. Essa mudança radical na avaliação das tarefas e da vocação das mulheres na União Soviética impactou a atitude em relação às mulheres para muito além das nossas fronteiras. Agora podemos encontrar a nova mulher em todos os lugares, em todos os cantos do mundo. A nova mulher é um fenômeno de massa, com exceção, talvez, das mulheres dos países semicoloniais e coloniais, onde o desenvolvimento das forças produtivas é impedido pelo controle predatório dos imperialistas. Entretanto, mesmo ali, dada a luta pela autodeterminação nacional e contra o imperialismo, a nova mulher está sendo moldada no próprio processo de luta. É impossível ter sucesso na luta entre grupos sociais e classes sem a cooperação das mulheres.

A nova mulher é essencialmente uma unidade de trabalho independente, cuja energia é utilizada não para servir os interesses de uma economia familiar privada, mas para realizar trabalho socialmente útil e necessário. Ela está sendo liberada daquelas características morais internas que marcaram a mulher do passado. Trivialidade feminina, conservadorismo, cabeça fechada, inveja e malícia para com outras mulheres, vistas como rivais na caça a um provedor – todas essas características não são mais necessárias naquela esfera onde ela agora está lutando para sobreviver. Assim que a mulher começa a viver de seu próprio trabalho, ela precisa desenvolver diferentes qualidades e adquirir novos hábitos, e milhões de mulheres trabalhadoras em todo o mundo estão se apressando para se rearmar moralmente.

É interessante observar como, não apenas em nosso país, mas também no exterior, as mulheres estão aprendendo a ser trabalhadoras produtivas e essenciais. Elas estão plenamente conscientes de que seu próprio bem-estar, e muitas vezes também a existência de seus filhos, depende diretamente delas, de seu trabalho e de suas qualificações. Externa e internamente, elas estão se adaptando às novas condições em que vivem. Internamente, psicologicamente, eles estão deixando de ser aqueles seres pacientes e obedientes que se entregaram totalmente ao marido e à família. Agora as mulheres não têm tempo para serem "sentimentais" e muito menos podem ser "obedientes" e pacientes. É mais importante que elas estejam seguras de sua própria força, resolutas em suas ações e não distraídas por suas emoções...

Além de seu compromisso e do esforço para se qualificar e melhorar sua saúde e força física no sentido de aumentar seu valor no mercado de trabalho, as novas mulheres trabalhadoras diferem das mulheres do passado também em seus fortes sentimentos e consciência de seus vínculos com sua classe, com o coletivo. As mulheres estão envolvidas na política e, mais uma vez, se a guerra atraiu um grande número de mulheres para a luta política, foi apenas a Revolução de Outubro que reconheceu publicamente, por suas leis, por toda a prática do novo sistema soviético, que uma vez que a mulher estejatrabalhando na e para a sociedade, ela deve ser reconhecida como uma cidadã ativa. A enorme mudança na posição das mulheres na União Soviética encorajou os grupos sociais em disputa a tentar atrair as mulheres para o seu lado. Em todos os lugares, em todos os países, a atividade política das mulheres tem mostrado um crescimento sem precedentes nos últimos dez anos. As mulheres estão se tornando membros do governo (Bang na Dinamarca, ministra da educação; Margaret Bondfield no gabinete de Ramsay MacDonald, na Grã-Bretanha), estão entrando no corpo diplomático e se tornando a força inspiradora por trás dos grandes movimentos revolucionários (como por exemplo Sun Tsin-lin, a esposa de Sun Yat-sen). As mulheres estão aprendendo a chefiar departamentos, a tomar conta de organizações econômicas, a orientar a política.

Isto teria sido possível sem a Grande Revolução de Outubro? Teria a nova mulher-cidadã e trabalhadora socialmente útil surgido sem o grande redemoinho que soprou pelo mundo? Poderiam as mulheres trabalhadoras de outros países ter dado tais passos gigantescos em direção a sua própria emancipação mais ampla sem a Revolução de Outubro? Qualquer um que pare para pensar percebe que a resposta é claramente não. É por isso que as mulheres trabalhadoras de todo o mundo não podem deixar de sentir que este décimo aniversário da Revolução de Outubro é a grande festa proletária do mundo.

A Revolução de Outubro afirmou a importância das mulheres trabalhadoras. A Revolução de Outubro criou as condições que garantirão a vitória da "nova mulher".